中华爱国
人物故事
ZHONGHUA AIGUO RENWU GUSHI

威震敌胆的
抗联将军杨靖宇

赵秋实 编著

吉林人民出版社

图书在版编目(CIP)数据

威震敌胆的抗联将军杨靖宇 / 赵秋实编著. -- 长
春: 吉林人民出版社, 2011.5
(中华爱国人物故事)
ISBN 978-7-206-07837-8

Ⅰ. ①威… Ⅱ. ①赵… Ⅲ. ①杨靖宇(1905～1940)
–生平事迹 Ⅳ. ①K825.2

中国版本图书馆CIP数据核字(2011)第075757号

威震敌胆的抗联将军杨靖宇

WEIZHEN DIDAN DE KANGLIAN JIANGJUN YANG JINGYU

编　　著：赵秋实
责任编辑：王一莉　　　　　　封面设计：七　洱
吉林人民出版社出版 发行(长春市人民大街7548号　邮政编码：130022)
印　　刷：鸿鹄(唐山)印务有限公司
开　　本：670mm×950mm　　　1/16
印　　张：8　　　　　　字　　数：70千字
标准书号：ISBN 978-7-206-07837-8
版　　次：2011年5月第1版　　印　　次：2023年6月第4次印刷
定　　价：35.00元

如发现印装质量问题,影响阅读,请与出版社联系调换。

总　序

胡维革

　　《中华爱国人物故事》是一套故事丛书。它汇集了我国历史上80位古圣先贤、民族英雄、志士仁人、革命领袖、先进模范人物的生动感人史迹，表现了作为中华民族优秀传统的伟大的爱国主义精神。

　　爱国主义是人们对于"生于斯、长于斯、衣食于斯"的祖国的一种神圣感情，是人们对于自己民族的一种强烈的责任感和使命感，是感召和激励整个中华民族的一面永不褪色的旗帜。在漫长的历史上，爱国主义一直激励着中华儿女为祖国的独立、统一、进步和繁荣而英勇奋斗。从伟大的思想家教育家孔子到统一全国的千古一帝秦始皇，从秉笔直书著《史记》的司马

迁到鞠躬尽瘁死而后已的诸葛亮,从伟大的浪漫主义诗人李白到精忠报国的民族英雄岳飞,从七下西洋传播友谊的郑和到抗击倭寇的民族英雄戚继光,从苟利国家生死以的林则徐到为变法流血的第一人谭嗣同,从威震敌胆的抗联将罩杨靖宇到人民音乐家聂耳与冼星海,从踏遍青山人未老的李四光到万婴之母林巧稚,从县委书记的好榜样焦裕禄到情系雪域献身高原的孔繁森……都表现出了强烈的爱国主义精神。正是由于热爱祖国的人们前仆后继地奋斗,国家和民族才得以生存,历经一次次历史危急关头而能转危为安,走向兴盛和富强,从而屹立于世界民族之林。爱国主义是鼓舞中华儿女历经忧患、跨越沧桑、百折不挠、自强不息的伟大力量,它贯穿于中华民族的整个历史,并有力地凝聚着五洲四海的中国人。

爱国主义是一个历史的范畴,在社会发展的不同阶段、不同时期有着不同的具体内容。革命时期,需要我们为祖国的独立自主出生入死;建设时期,需要我们为祖国的繁荣富强增砖添瓦;在全国各族人民团结一心建设富强、民主、文明、和谐的社会主义现代化国家的今天,我们要争做一名新时期的爱国者。新时期的爱国者要有强烈的民族自尊心和自豪感。民族自尊心和自豪感是任何时期任何爱国者都必须具备的情感。民族自尊心能增强我们自立向上的恒心,民族自豪感能树立我们建设祖国的信心。要树立"祖国高于一切"的崇高信念,为了祖国和人民的利益不惜抛却个人的利益,甚至不惜牺牲个人的生命。要树立终身学习的理念,拓

宽自己的知识面,广泛吸收新知识新技术,完善自身的知识结构,更新学习知识的方法与理念,从思想上、知识上充分武装自己,为祖国的繁荣昌盛贡献力量。

爱国主义思想的继承和发扬,是关系到民族盛衰、国家兴亡的根本问题。一代代人爱国主义思想情操的形成,需要不断地培养。培养爱国主义的一个重要途径是向爱国主义的英雄人物和典范事迹学习。这套丛书的出版,对于人们向英雄和先进人物学习,特别是对于在中小学生中进行爱国主义教育,将可提供一些生动的教材。祝愿此书出版发行成功,为培养"四有"新人做出贡献。

于 2011 年 4 月 23 日

世界读书日

中华爱国人物故事

目录
CONTENTS

目 录。
CONTENTS

少年英雄正义心
抵制日货初露锋

1905年2月13日，杨靖宇原名马尚德，出生在河南省确山县李湾村。确山县位于河南省南部，李湾村是确山县的头等大村之一。青少年时代的杨靖宇就是在这里生活和成长的。

杨靖宇5岁时，父亲因积劳成疾，过早辞世。从此，抚养子女、支撑门户的担子都落到母亲的肩上。

1911年，推翻封建专制、倡导民主共和的辛亥革命在武汉爆发，杨靖宇的家乡处于京汉铁路要冲，受到较大影响。人们剪去头上的辫子，说些自由、民主、平等、博爱的话，农民的生活也似乎有了点希望。然而，仅4年时间，窃取中华民国大总统职务的袁世凯，就废除约法，解散国会，堂而皇之地当上了"洪宪皇帝"。

袁世凯的皇帝美梦破灭后，接踵而来的是军阀混战，社会动荡，帝国主义对中国侵略的加剧。杨靖宇的童年，就是在这动荡与黑暗的社会中度过的。

1912年，母亲送7岁的杨靖宇到村中的一所私塾读书。私塾先生刘景臣是村里的饱学之士，他按"名以正体，字以表德"传统，为杨靖宇取名"尚德"，即崇尚贤德之意。他对杨靖宇要求很严，学完《三字经》《百家姓》《千字文》等启蒙读物后，又让他学习《大学》《论语》《中庸》《孟子》。

杨靖宇在学堂刻苦学习，放学后先帮母亲干些力所能及的家务活，然后就埋头读书写字，有时竟忘了吃饭。有时母亲几次催促，他才放下书、笔，但只要离吃饭哪怕还有一点时间，他就又去看书写字。由于杨靖宇聪颖强记，勤学苦练，每天都沉浸在读书写字之中，很少到外边玩耍，因此各门课程都学得十分出色，毛笔字也写得苍劲有力。

在私塾里，杨靖宇有个好朋友叫李士芳，他比杨靖宇大2岁，与杨靖宇同桌，两人都很爱学习，

年轻时的杨靖宇

希望将来当个教员。但李士芳的父亲身体较弱，家里生活相当困难。一到农忙季节，李士芳就常常旷课。于是，逐渐产生了不再上学回家务农的想法。杨靖宇知道后，就找到李士芳，鼓励他继续读书。杨靖宇拉着李士芳的手，亲切地说："士芳哥，书还是要念！你缺的课，我帮你补上。"从此，杨靖宇放学后，常常拿着书到李士芳家，把他没学到的课程补上。杨靖宇见李士芳写字没有纸，就把自己的纸送给他用；见李士芳交不上书费，就悄悄地为他交上，使李士芳父子十分感动。

一次，杨靖宇和小伙伴们一起去村子附近的古城赶庙会。相传，这个古城就是三国时期的刘备、关羽、张飞三兄弟相会的地方，当时庙里还有刘、关、张的塑像。小伙伴们边走边听杨靖宇讲关云长千里走单骑、刘关张

私塾

古城喜相会的故事。杨靖宇讲得绘声绘色，小伙伴们听得津津有味，不知不觉地就到了古城。杨靖宇爱读《说岳全传》，爱讲岳飞故事，仰慕他的英雄气概，敬佩他的爱国精神，自幼就把岳母在岳飞脊背上刺的"精忠报国"四个大字熔铸在自己心灵中。

私塾中所学的尽管大多是中国封建教育的传统内容，但其中民本性、科学性、进步性的精华还是随处可见的，在私塾里所学到的文化知识，尤其是阅读和书写，也为杨靖宇的成长打下了一定的基础。然而，私塾里的学习毕竟内容过于陈旧，方法过于呆板，尽管杨靖宇已经能把所学的内容倒背如流，但萦绕在他心头的许多社会问题并未得到回答。

一天，先生外出办事去了，让孩子们自己背书。先生一走，可乐坏了孩子们，大家决心痛痛快快地玩上一场。孩子们用桌椅板凳搭起"戏台"，私塾里人不多，每个人都有角色，"府台""县台""衙役""罪犯"，一应俱全。平时很少淘气的杨靖宇被指定担任"县台"。演出开始了，"府台"冲着被抓来的"罪犯"厉声问道："为什么要当土匪，抢人家东西？""罪犯"说："我不是土匪，没抢人家东西呀！"府台"勃然大怒，喝令用刑。两班"衙役"一拥而上，将"罪犯"按倒在地，施以重刑。扮演"县台"的杨靖宇本来应对"府台"唯命是从，而他出人意料地说："不能这样审官司，不问青红皂白就打，这不会屈打成招吗？"孩子们觉得杨靖宇说得在理，大都随声附和，可"府台"却觉得不能丢了面子，非要坚持原判。双方各持己见，争论不休，教室内乱成一团。

正在这时，先生回来了。见此情景，十分生气，狠狠地批评了孩子们，惩罚了带头"演戏"的孩子。对杨靖宇，先生说他这是初次，令他放学前必须把《孟子》一书中的"告子"篇背下来，否则就要打手板。可还没到放学时间，杨靖宇就来到先生面前，一字不差地把"告子"背诵一遍。

在放学回家的路上，孩子们又谈论起白天演戏的事。有的说："别的戏也这么演的！"有的说："听说官府里也是这样审官司的！"杨靖

关公

宇耐心地说："捉贼要赃，得有真凭实据，光靠打怎么成？官府这么审官司就是没有道理。官府向着有钱的，用这种办法去审官司，不知坑害了多少穷人。"孩子们都认为杨靖宇说得对，称赞他对事敢求真、看得远。

1920年，杨靖宇考入确山县立高等小学。这所县立高等小学，当时是确山县的"最高学府"。杨靖宇不仅在学习上刻苦认真，掌握了许多新的文化知识，而且虚心听取进步老师的教诲，学习他们的新思想、新作风，坚持正义，帮助同学，逐渐成为同学们的"主心骨"。

发生在1919年的五四爱国运动，得到确山县社会各界的响应，直到杨靖宇考入确山县高等小学后，反帝爱国的浪潮仍在这里激荡。入学后，杨靖宇和广大学生工人、市民一道投入抵制日货的斗争，不仅在这场斗争中得到了锻炼，而且确立了正确的理想和信念。

那是中国备受欺凌的年代，随着日本帝国主义对中国侵略的加深，日本商品也充斥中国市场，排挤中国的民族工业。尤其是日本提出灭亡中国的"二十一条"，更激起中国人民的反抗，全国上下纷纷掀起抵制日货的斗争。杨靖宇在确山县立高等小学读书时，经常和同学们到商店和火车站检查，发现日本商品，就建议货主停止销售，如果货主反对，就立即将日货查封或销毁。

确山县城有一家商店刚刚购进一批日货，店主通过行贿手段买通官吏以对抗师生检查。杨靖宇和同学们得知这一情况后，立即到这家商店，要求店主交出全部日货。得到好处的官吏为店主说话，阻挠学生的爱国行动。杨靖宇严肃地说："以前这家店主就进过日货，他不知悔改，这次又进日货，全不把国家存亡放在心上，这日货一定得没收销毁。"官吏恼羞成怒，立刻给确山县立高等小学发去公函，污蔑学生胡闹，让学校对学生严加管束。

校长屈服于压力，出面阻止学生抵制日货的斗争，先"规劝"，后"勒令"，最后以开除学籍相威胁，逼迫杨靖宇和同学们放弃销毁这家商店的日货。但杨靖宇毫不退缩，指责校长不爱国，串联学生举行罢课。校长慑于学潮的威力，只好不再干涉学生抵制日货的斗争。杨靖宇和同学们终于查出那家店主的全部日货，并当场销毁。同学们欢呼雀跃，奔走相告，庆祝这场反帝爱国斗争的胜利。

1923年8月，杨靖宇结束了高等小学的学习生活，以优异的成绩考入河南省第一工业学校。

开封是一个有着悠久历史的城市，曾为六朝古都，名胜古迹随处可见。在第一工业学校后院，就有一座宋代的点将台，相传抗金名将岳飞曾在此调兵遣将，抗击金兀术对中原地区的侵扰。每到这聚兵挥戈之地，杨靖宇常常流连忘返。

在河南省第一工业学校学习期间，杨靖宇一方面认真学习，乐于助人，另一方面关心时事，忧国忧民。

在学校后边的花园里，经常可以看到杨靖宇埋头读书看报的身影，各种进步书刊中宣传的新思想深深地吸引着杨靖宇。杨靖宇还主动向第一工业学校的进步教师请教，聆听他们的教诲。在学习和探讨中他渐渐发现，只有马克思主义这一科学真理才是打开中国富强之门的金钥匙。于是，杨靖宇加入了"马克思学说研究会"，开始如饥似渴地学习马克思主义，并确立了正确的人生观、价值观和世界观，决心把共产主义作为毕生奋斗目标，为国家富强、人民幸福贡献出自己的一切。

发生在1924年至1927年的大革命，是中国共产党与国民党建立革命统一战线，共同反对帝国主义和封建军阀的斗争。杨靖宇积极投身于这场革命，在斗争的烈火中得到熔冶和淬砺。

1925年5月30日，上海的工人、学生抗议日本帝国主

开封

义枪杀工人顾正红，英国巡捕公然向示威群众开枪，制造
了震惊中外的五卅惨案。消息传出，全国人民无比愤慨，
在中国共产党领导下，迅速掀起了轰轰烈烈的反帝爱国斗
争浪潮。6月，开封各界群众声援上海工人、学生的斗争，
也如火如荼地开展起来。杨靖宇作为第一工业学校的学生
代表，带领同学们走在斗争的前列。在积极参加大规模集
会、游行、罢课活动的同时，他把学生组织起来，成立旧
货（即英国货、日本货）检查队，深入车站、商店，查处
英、日商品；成立募捐队，走街串巷，募集捐款，援助上
海工人、学生的斗争；成立讲演队，在群众中开展宣传，
揭露帝国主义的侵华暴行和罪恶目的。

7月初，开封教育当局为了抵制学潮，将暑假提前，
迫使多数学生返乡。遵照党组织的指示，杨靖宇和20几
个同学回到家乡开展反帝爱国宣传工作，同学们推选杨
靖宇为负责人。杨靖宇带领返乡的同学们，在确山县立
高等小学、东关和南高庙等处各办一所夜校，参加学习
的共有百余人。

由于杨靖宇积极投身大革命洪流，立场坚定，意志
坚强，1926年秋，经张耀昶、姚建宇介绍，他光荣地加
入了共产主义青年团。就在这时，为了配合河南党组织
开展农民运动，党派在上海大学学习的共产党员张家铎
等来到河南确山。此时，杨靖宇已结束了第一工业学校

初级班的学习。根据党的指示，杨靖宇放弃了升入高级班学习的机会，毅然返乡，配合张家铎等发动农民运动，迎接更大的革命风暴。

杨靖宇回到家乡后，首先遇到的问题是如何对待红枪会。由于河南地处中原，位居要冲，历来为兵家必争之地，封建军阀更在此屡开战端，兵痞遍地，多如牛毛，1926年全省驻军竟达30万人。兵匪一家，官匪合流，土匪的烧杀抢掠和官绅的敲诈勒索，一起加害于广大农民身上。

确山县的四大劣绅以给驻军筹集粮款为名，成立了"兵策局"，发捐条、印纸券，巧立名目，横征暴敛。所

五卅惨案旧址

筹银粮，层层克扣，到士兵名下已所剩无几。于是，士兵强抢掠夺日甚。无法生存下去的农民，为了自卫和抗捐，纷纷组建红枪会。一时间，河南各地几乎村村开馆，庄庄设堂，青壮年男子大都参加了红枪会。

与此同时，国共合作共同领导的抗捐抗税、驱逐军警的农民运动也在秘密展开，河南的很多县区建立了农民协会。杨靖宇回到确山后，就日夜奔忙，与农民谈话，召开秘密会议，着手建立农民协会。根据党对红枪会的政策和策略，杨靖宇和张耀昶一道对农民出身、反对军阀统治意识较强的红枪会首领徐耀才、张广汉等开展工作。经过耐心的宣传启发，徐、张的思想进步很快，他们领导的红枪会成为农民运动的基本力量。他们表示拥护革命，愿意听从革命党指挥。

杨靖宇在开封求学时与同学徐子荣、张化宇合影

确山暴动振民心
负伤避敌巧周旋

　　1926年11月，为了加强对豫南地区农运工作的领导，中共河南省委决定成立驻马店特别支部。在驻马店特别支部的直接领导下，确山县的农民运动发展得更加迅猛。1927年2月15日，在洪沟庙镇的玉皇庙召开了确山县农民协会成立大会，杨靖宇在大会上讲话，并被推举为执行委员会委员长。就在这天，直系第八军士兵到县城东北的董庄抢粮并毒打农民，被红枪会扣留。杨靖宇等农会领导获悉，号召农民组织自卫军，齐集城北，声讨第八军，誓与死战。

　　2月15日至17日，各路农民自卫军、红枪会聚集城下，群情激愤。县长王少渠吓得面如土色，承认军士有"滋扰情事"，一方面泣求驻军暂缓用兵，一方面派人与农会领导交涉，请乡绅劝红枪会首领忍退。杨靖宇等农会领导对前来交涉的人提出，驻军和官府今后不再任意征收苛捐杂税、军队给养，方可考虑撤退。迫于已经组织起来的农民的强大威力，王少渠被迫接受了农会的要求，一场党领导的农民斗争胜利了。

1927年3月中旬，在确山县城北大街赵凯文家，杨靖宇与张家铎、张耀昶等召开会议，根据举行确山农民暴动条件已经成熟的情况和中共驻马店特支的决定，确定在农历三月初三武装示威，伺机暴动，以配合北伐军向河南推进。

4月4日清晨，杨靖宇等来到县城东关大操场，升起鲜艳的农会会旗，迎接来自全县的农民。上午10时，农民协会和红枪会的成员高举红旗，从四面八方陆续进入会场，县长王少渠也被迫到会。中午时分，大会开始，

杨靖宇等代表全县农民讲话，要求县长王少渠交出四大劣绅，清算他们的罪行；取消苛捐杂税，不再派车拉夫；清查县政府账目，释放因抗捐被关押的农民。王少

渠满口应承，大会当场放他回城。

第二天，农会从早晨等到傍晚，王少渠一直未交出四大劣绅。农会派出代表交涉，王少渠避而不见，故意委托一个军人出面应付。经查，王少渠自会场回城后，不仅躲进城隍庙，放走四大劣绅，而且在全城布防，派众多荷枪实弹的官兵把守城头，用沙袋堵住城门。王少渠的所作所为，激怒了农民群众，人们纷纷加入围城行列，附近各县的红枪会也前来支援。确山城外的村村户户住满了参加暴动的外地农民，老人、妇女和孩子们自愿为前线农民送水送饭，人民革命的热潮在确山激荡。

4月6日，信阳道尹于庭鉴到确山调停。杨靖宇等代表暴动农民与于庭鉴谈判时，城头的官军士兵突然开枪，当场打死两名暴动农民。广大农民再也抑制不住心头的怒火，决心攻下确山县城。谈判当即停止，中共驻马店特支迅速作出决定，抓住有利时机，立即攻城，由杨靖宇和张家铎、张耀昶三人组成攻城指挥部。

4月6日夜，攻城战斗开始了。杨靖宇指挥四五万暴动农民，向反动势力盘踞的确山县城发起了猛烈进攻。农民自制的"九节雷"土炮和步枪一齐向城上开火，治安委员会成员组织人民群众积极支援北伐军，救护伤员，传递情报，送饭送水，充当向导，侦察敌情，扰乱敌人后方。每当胜利的喜讯传来，临时治安委员会就召开庆

祝大会，以鼓舞士气，振奋民心。

确山暴动的胜利，引起强烈的反响。武汉国民政府为祝贺这一胜利，向确山农民协会赠送一面锦旗，上面写着四个大字："革命先锋"。

由于杨靖宇出色地领导了这场斗争，表现了卓越的才能。1927年6月，中共驻马店特支根据杨靖宇的申请和表现，同意接纳他为中国共产党党员。

1927年11月13日，高子元与驻确山国民军第三旅旅长张德枢派出200多人的队伍进攻刘店。杨靖宇率领农民革命军兵分两路在寨外的两侧阻击敌人。战斗中，敌人被打死5人，而农民革命军则毫发未损。

在张板桥，杨靖宇率领农民革命军攻打了被称为

杨靖宇领导确山起义的"犁头旗"

"张四先生"的恶霸地主张天真。张天真占有大量土地，对贫苦农民十分苛刻，剥削手段也非常残忍，当地人民对他深恶痛绝。农民革命军顺利地占领了张家大院，打开粮仓，把粮食分给贫苦农民。杨靖宇等农民革命军领导在张板桥召开了群众大会，宣传中国共产党的革命主张，控诉张天真的罪行，深受群众的拥护。

随后，杨靖宇又率领农民革命军来到信阳、确山交界的明港一带活动。在这里，杨靖宇等农民革命军领导人充分利用敌人的内部矛盾，消灭了为非作歹的大土豪李文相、童肖九两支地主民团武装，从而扩大了农民革命军的影响。

在这期间，中共豫南特委书记王克新来到农民革命军中，与杨靖宇共同领导游击战争。11月中旬，在王克新主持下，召开了豫南特委驻马店办事处、确山农民革命军总指挥部和确山县革命委员会联席会议，总结了刘店暴动以来的经验教训，研究了今后革命的发展方向。

会议决定"找一形势甚佳，可战可守之根据地点作为经常斗争之中心"。

联席会议之后，豫南特委决定对农民革命军进行整编和纪律整顿，成立了司令部和政治部，王克新、杨靖宇、李鸣歧等人组成司令部，杨靖宇任总指挥，李鸣歧任党代表。

正当杨靖宇等根据联席会议精神，率队西进小乐山准备建立根据地时，确山县县长高子元，于1927年11月末，拼凑了500多人的反动武装，对农民革命军的根据地——刘店发起了疯狂的"围剿"。当时，农民革命军正在汝南县的王楼境内，他们活捉土豪吴清士，将他家的粮仓打开，把粮食分给贫苦百姓。12月2日晨，敌人向农民革命军扑来。当敌人走到王楼村头时，埋伏在打谷场草垛后的第一中队，首先向敌人发起进攻。紧接着，埋伏在村东树林中和村西竹林里的两个中队也在杨靖宇的指挥下，向敌人开火。慌忙逃窜的敌人，在村南柏树林处又遭农民革命军猛烈射击。

由于农民革命军没有估计到形势的严重性，暂时击

确山暴动

退敌人后未及时转移，敌人趁机占据了河堤的有利地形，在敌人组织第二次反扑时，农民革命军本应避实就虚，却仍然组织队伍冲锋。此次战斗虽毙伤敌人60多人，但农民革命军也遭受很大损失，杨靖宇腿部受伤。

敌人到处搜捕杨靖宇，使负伤后的杨靖宇不得不四处转移，后来暂住在驻马店的普济医院进行治疗和休养。一天，一群国民党兵从火车上下来直奔医院而来，杨靖宇一看躲藏已经来不及了，于是他灵机一动，把脸涂了一些污泥，扮作是医院的勤杂工，在吱吱作响的井台辘轳上绞着水。由于杨靖宇衣着简朴，面容憔悴，还真像一个整日劳作的工人。杨靖宇镇定自若地摇着辘轳，国民党兵上下打量了杨靖宇一眼，匆匆而过。

1928年春节后，杨靖宇腿伤还未痊愈，就请求到豫南开辟农村革命根据地。当时正值2月初，中共河南省第三次代表大会刚刚结束，会议决定发展豫南的游击战

争，创建豫南革命根据地。杨靖宇被任命为豫南特委委员，负责武装斗争的组织工作。

国民党反动派抓不到杨靖宇，就对杨靖宇的家庭横加迫害。杨靖宇的家被抄5次，东西被抢光，房屋被烧，全家老少东躲西藏，妻子带着儿子逃到小郭庄的娘家避难，母亲到花山口陶楼杨靖宇的姥姥家躲避。

1928年3月23日，杨靖宇的女儿出生。杨靖宇于女儿出生的第五天赶到岳父家。一家人在这里团聚，母亲悲喜交加，哽咽着说："你走的路，妈不拦你。妮子生下5天了，你得给起个名儿呀！"杨靖宇琢磨了一会儿说："眼下革命处在低潮，但高潮一定会到来的。你们先躲避

信阳

一些天，总会有好的时候。我看这妮的名字就叫'躲儿'吧！"。（意思是不让女儿忘记国民党反动派的迫害。）杨靖宇的母亲点头说："好！就叫'躲儿'。"从此，"马躲"成了杨靖宇女儿的名字。1928年夏，敌人又到李湾村抄杨靖宇的家。为了不连累亲朋故友，杨靖宇的妻子带着两个孩子，搀扶着年迈的婆婆，在野外躲藏了1个月。

后来，"躲儿"在艰苦的岁月里渐渐长大了。一天，杨靖宇的母亲打开手中的包袱，对"躲儿"说："这里面有你爹的一张相片、3本书、一件衣裳，咱分开拿，不要叫白匪军抢了去。""躲儿"叫母亲把自己的小薄棉袄里子从后背心拆开，把父亲的相片缝在里面。此后，每当遇到困难或遭到敌人迫害的时候，杨靖宇的妻子总是把"躲儿'的小棉袄后心里子拆开，拿出杨靖宇的相片，含着眼泪看啊看……一次，杨靖宇的妻子把照片摆在女儿面前，眼含热泪说："你们要把相片保存好，等革命成功了，红军回来了，拿着相片去认你爹。"在国民党反动派的残酷迫害下，杨靖宇一家困苦不堪，度日如年，母亲和妻子先后病故。

1928年5月上旬，中共豫南特委派杨靖宇以特委巡视员身份到信阳巡视工作，并着手恢复同年4月被破坏的党团组织。经过杨靖宇的艰苦努力，党团工作得以恢复，至5月末，已有80人参加了重新登记。同年7月，中

共信阳县委重建，杨靖宇任书记。由于敌人到处缉捕杨靖宇，根据领导的建议，杨靖宇将原名马尚德改为张贯一，以从母姓，牢记慈母培育，"一以贯之"地坚持革命。

在信阳，杨靖宇有时化装成挑着担子锔锅锔碗的"轱辘匠"，走街串巷，开展党的地下工作；有时化装成学生到师范学校从事党的秘密活动。一个周末，杨靖宇到信阳小南门外河边沙滩上，召集河南省立第三师范学校党团积极分子开会。突然，带着马队到河边饮马的一个西北军的骑兵连长走过来说："你们这些学生是在开会吧，可不要干共产党，那个搞不得！"顿时，大家被他的话弄得非常紧张。只见杨靖宇欠了欠身子对那位连长摆摆手说："你可真会开玩笑，我们是星期六没事出来转

驻马店市

转，顺便坐下来闲聊天，谁知道共产党是啥样呢？"那个连长见没有什么可怀疑的，便牵马离开了。会议一直开到日落西山他们才离去。

1929年3月初的一天，几个便衣侦探到原信阳县委交通员吴少堂家搜查，杨靖宇正好在这时来到吴家。在这个危急的时刻，吴少堂的嫂嫂急中生智，冲着杨靖宇说："我家就欠你二斗米钱，你今天一趟，明天一趟，天天来要，太逼人了。"杨靖宇一听此话，顿时明白了，于是当着便衣的面冷静地说："大嫂，你这些话我都听好多遍了。啥都是假的，钱是真的。你今天非给我钱不行，不然我这样空手回去，怎么向老板交账呢？"他边说边坐下，拿起水烟袋就吸。吴大嫂说："你多在老板面前说些好话，缓限几天，一定给钱。"杨靖宇见几个便衣似乎对他不再怀疑，便慢慢站起来，无可奈何地将水烟袋往桌子上狠狠一摔，然后就要走，但是狡猾的敌人仍然对他半信半疑，遂将他抓到司令部。杨靖宇继续与敌人巧妙周旋，敌人毫无所获，只好将他释放。

1929年4月，党组织派杨靖宇到永城指导工作，此后，杨靖宇受组织派遣，又先后到洛阳、开封开展工作，化名周敏。此间杨靖宇曾两次被捕，均因无供无证获释。

奔赴抚顺组工运
冰城抗日智谋高

在革命斗争的实践中，杨靖宇深切感到掌握革命理论的重要性。因此，他迫切要求参加学习培训，以提高理论水平，正确总结工作经验。

1929年6月，党组织派杨靖宇前往上海参加中共中央举办的干部培训班。由于时间紧迫和敌人搜捕，杨靖宇未与家人告别就上路了。在训练班上，杨靖宇和参加学习的同志们一道，悉心聆听了周恩来、李立三等领导同志的讲话，对大革命失败的原因有了更深刻的认识，对中国革命的规律和前途有了更明确的理解。

训练班学习结束后，党组织分配杨靖宇到全国总工会工作。不久，杨靖宇受党的派遣，奔赴东北地区。

到抚顺时，杨靖宇年仅24岁。他发现矿工中多为山东人，便自称家住在与河南省东北部毗连的山东省曹州，名叫张贯一。为便于开展工作，他与工人同吃同住，一起干脏活重活。由于工人们长期受到日本资方的监视，经常有特务混入工人之中，工人吃够了这样的苦头，所以开始时，工人们都用警惕的眼光观察着杨靖宇的一举一动，生怕是矿上派来的侦探。有时工人们在一起聊天，杨靖宇一来，大家就不讲了。杨靖宇认为这正是工人们觉悟的表现，当务之急是想办法与工人交朋友，团结工人开展反日斗争。

　　一天，矿上的一名老工人生病了，没钱治病，连下锅米也没有了。他向工头借，不但没有借米钱，还被打了耳光，说他故意怠工，要把他开除。杨靖宇听到此事后，立即赶到这个老工人家中，把自己仅有的2块银元

抚顺露天煤矿

交给老工人，让他马上治病买米。老工人感动得热泪盈眶，拉着杨靖宇的手说："你来这些日子，我看出来了，你和别人不一样。"杨靖宇说："我和你们一样，都是遭大罪受人欺的煤黑子！"老工人与他说了许多知心话，此后逢人就说杨靖宇的好话。工人们也发现，这个整天和工人一起干苦活、吃粗饭的"张大个子"，为人正直厚道，对待矿工亲如兄弟，工人们越来越愿意和他接近了，都亲切地叫他"山东张"，谁有为难的事都愿意向他说说，把他当成主心骨。

杨靖宇非常注意工作方法，根据工人的觉悟程度和生活状况，分别采取了工人们容易接受的"拜把子"、组织识字班等形式，把工人们团结在一起。首先实现增加工资、缩短工作时间等接近矿工实际生活、直接维护工人切身利益的经济斗争目标，在经济斗争中提高工人的觉悟，再逐渐引导工人开展政治斗争，投入反帝爱国运动。

一次，日本资本家决定裁减工人，大家来找杨靖宇想办法。杨靖宇认为，发动工人开展斗争的时机已经成熟，便对矿工们说："弟兄们，我们绝不能再这样忍气吞声了，不能让日本人骑在我们头上，我们要拿出力量和日本鬼子较量一下，我们工人的力量是大的，我们不能小瞧自己。我们要团结起来！"矿工们说："老张，你指

挥吧，我们以后听你的！"

几天之后，资本家裁减工人的布告一张贴出来，工人们立即按照杨靖宇的部署开始罢工。愤怒的矿工在杨靖宇的带领下，闯进日本资本家的办公室，展开说理斗争。这次罢工，坚持了4天，最终迫使资本家答应了工人们提出的"召回被裁工人，缩短工时，增加工资"等合理要求。这次斗争的胜利，使工人们更加相信杨靖宇，愿意听他的话，因为从他讲的道理中工人们看到了希望。

经过杨靖宇的艰苦工作，抚顺的党团组织很快恢复

杨靖宇

和发展起来了，工人斗争也有了新的发展。在古城子、北大井、老虎台等一些重要的矿井和矿工居住区，抚顺特支都派了党团员去开展工作。日本人惊呼："自1929年共产党分子潜入煤矿以来，工人思想显著恶化"，有"事变的前兆"。为此，日本人派出大批的特务、侦探，搜寻和破坏中共地下党组织的活动。

1929年8月1日是共产国际规定的国际赤色日，中共中央通知各大城市在"八一"举行游行活动。对于这种带有严重"左"倾色彩的指示，杨靖宇并未完全执行，只是根据实际情况，以贴标语、撒传单的方式表达了工人阶级的革命要求。7月26日，特支派王振祥和另一名同志贴标语时，被警察发现，两人分头跑了。但这次公开张贴标语活动，引起了敌人的注意，更加大了刺探中共地下党组织的力度。

8月30日上午，日本警察署根据内奸范青的密报，逮捕了王振祥。王振祥忍受不住严刑拷打，供出了党的组织及活动情况。当日下午，抚顺日本警察署署长带领警察特务将杨靖宇的住处包围。傍晚，杨靖宇一回到客栈，即被早已埋伏在这里的日本警察署巡警逮捕。

1929年10月中旬，杨靖宇被解送到抚顺地方法院。10月下旬，杨靖宇又被解送到奉天（今沈阳）的辽宁省高等法院。1930年2月6日，辽宁省高等法院开庭，根据所谓"暂行反革命治罪法"第六条及第十条，对杨靖宇以"反革命嫌疑罪"判处有期徒刑1年零6个月。宣判后，杨靖宇被关押在奉天第一监狱南监杂居监一舍。

入狱后，杨靖宇首先把因所谓的反革命罪、内乱罪而被判刑的五六名难友组织起来，向他们讲述革命理论。对于一切可以争取教育的人，杨靖宇都是耐心细致地做他们的思想工作。杨靖宇还经常替狱中没有文化的"犯人"写申诉书信、帮助看守写假条或者买卖土地的文书等。

1931年4月下旬，杨靖宇刑满释放。出狱后，杨靖宇住在奉天一所由党的外围组织"互济会"的同志开的旅馆里。由于杨靖宇参加过一次"互济会"的会议，敌人在"互济会"一位被捕同志的日记本上发现了杨靖宇

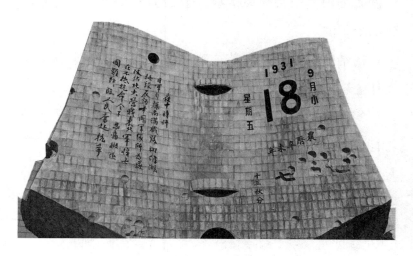

的名字（张贯一）和住址。杨靖宇遂于出狱后的第三天，再次被投进监狱。这是杨靖宇第五次入狱。

党组织非常关心杨靖宇及狱中的其他同志，千方百计地营救他们。几个月之后，九一八事变爆发，中共满洲省委利用这一时局动荡的有利时机，向中央请拨一笔经费，把杨靖宇等一批共产党员从狱中全部营救出来。

杨靖宇终于结束了2年零3个月的监狱生活，又投入了新的斗争。

九一八事变爆发的第二天，中共满洲省委就发表宣言，揭露日本帝国主义的侵略罪行，号召东北人民行动起来，抵抗日本帝国主义的侵略。由于中共满洲省委驻地奉天（今沈阳）已被日军占领，省委又于1931年11月遭到敌人破坏，为了更好地领导东北人民开展抗日斗争，满洲省委根据中共中央指示，于12月迁到尚未被日军占领的哈尔滨。

杨靖宇出狱后，便前往哈尔滨，要求省委重新分配工作。

2年多的监狱生活，使杨靖宇的身体非常虚弱。省委考虑到杨靖宇在狱中饱受摧残，想让他好好休息一下，等身体复原之后再给他分配工作，而杨靖宇却说："在监狱里并没有累着我，只要我活着，就要斗争，现在国难当头，我怎么能待得住？"在杨靖宇的迫切要求下，省委決定由他接替全满反日总会党团书记冯仲云的职务，同时兼任哈尔滨市道外区委书记。此后，杨靖宇在工人、学生及商人、市民中间，发展反日会组织，动员人民群众参加反日爱国斗争。

杨靖宇在哈尔滨工作期间，生活条件非常艰苦。他经常穿一件又旧又破的灰布大褂，脚上穿着"张嘴"的布鞋，光着头在风雪中行走。当时，党的地下工作者每人每月的生活费是9块"哈大洋"，他经常把节省下来的钱补贴到工作上或帮助其他同志解决困难，而自己却从不乱花一文钱。组织上曾派一位同志来协助杨靖宇工作，这位同志看到杨靖宇的生活非常艰苦，出于对杨靖宇的

尊敬和爱戴，时常把自己的生活费省下来给杨靖宇改善伙食。一次在开会回来的路上，这位同志把杨靖宇领到一个小饭店里吃了一顿。杨靖宇问他："你对别的同志也这样吗？""不是。"这个同志非常坦率地回答。杨靖宇严肃地对他说："那为什么对我这样照顾呢？我的生活也很不错嘛，你这样照顾我，使我很不安。如果能把这些钱交给党，作为党的活动经费，不比这样吃到肚子里和穿在身上更有意义吗？要知道，现在对于党，一文钱都是不可多得的。"

1932年1月，日本侵略军不甘心上年11月在嫩江桥被以马占山为首的抗日义勇军痛击的惨败，一面重新调遣兵力向哈尔滨进犯，一面"邀请"马占山在松花江北的松浦举行谈判，企图诱骗马占山投降。杨靖宇得知这一情况后，马上赶到松浦，在工人中揭露日本帝国主义假谈判真侵略的阴谋，提醒马占山不要上当受骗。为阻止日军进攻马占山部，杨靖宇协同呼海路党组织带领铁路工人将松浦站的机车全部开到绥化，把呼兰铁路桥拆毁，切断铁路交通，使日军这次诱降马占山部义勇军的计划破产。

1932年2月5日，日军侵占哈尔滨。有一次，杨靖宇带着机密文件从省委出来，发现在回去的必经之路上有日本哨兵正对来往行人严加盘查。他急中生智，沉着冷静地朝着敌哨兵走去，并且若无其事地解开布衫，主动地让敌人检查。就在他解开衣扣的瞬间，杨靖宇趁敌人不备，把文件掖进了卷起的袖筒里，结果敌人没有从他身上翻出任何东西。

1932年夏天，哈尔滨遭受了罕见的水灾，滔滔的洪水把沿江两岸的房屋冲垮淹没。马路上、公园里到处是无家可归的难民，全市有一半以上的人口受灾。为了揭露日伪当局不顾百姓死活的罪行，杨靖宇来到难民中间进行演讲："同胞们，我们不能做无知的愚民，大家要想想，是谁不修江堤！不顾我们的死活！是谁在敲诈勒索！……"他的话讲到了人们的心坎上，难民们群情激愤。杨靖宇利用这一时机，组织党员和进步青年，向他们宣传抗日救国的道理，并领导难民向伪市政当局展开反饥饿、争生存的斗争。由于杨靖宇指挥有方，难民们团

结一致，不达目的决不罢休，伪当局害怕发生不测，被迫答应难民提出的条件，斗争取得了胜利。

在哈尔滨工作期间，杨靖宇于1932年5月担任了中共哈尔滨市委书记。由于杨靖宇的努力，哈尔滨党组织得到迅速发展，尤其是呼海路一些较大的车站都建立了党的支部或小组，在司机、司炉、乘务员、扳道工人中都发展了党员，省委印发的标语传单一夜之间就能在呼海路沿线张贴出去。与此同时，共青团和反日会也有很大发展，在党的领导下积极开展反日活动，甚至在伪满统治机构的办公桌上都时常会出现一些反日小报或反日传单，使敌人防不胜防。

杨靖宇将军

率领南满游击队
连战连胜敌胆寒

  1932 年 11 月，杨靖宇以中共满洲省委特派员的身份，到南满的磐石等地巡视了解，推动反日武装斗争。从此，开始了领导南满抗日游击战争的历程。

  九一八事变后，东北地区曾出现各种名目的抗日义勇军，自发地反抗日本帝国主义的侵略，但由于缺乏统一指挥和明确的政治纲领，仅战斗 1 年左右就大都溃散了。在义勇军坚持斗争期间，中共满洲省委一面推动和协助义勇军的抗日武装斗争，一面派出党员干部到磐石、延吉、珠河（今尚志）、汤原等地发动群众，建立党直接领导的抗日武装。

  磐石位于吉林省的东部，山峦起伏，河溪纵横，地广人稀，吉（林）海（龙）铁路贯穿全境。九一八事变后，磐石中心县委于 1932 年 2 月至 5 月，发动和领导了 3 次大规模的反日斗争，激发了人民群众的反日爱国热情。

但是，由于当时执行"左"的方针，不能团结一切抗日力量共同抗日，使工农反日义勇军陷于孤立的境地，曾一度与报号"常占"的反日山林队合并。就在工农反日义勇军处于危机的时刻，党派杨靖宇到南满巡视工作。

杨靖宇在率队返回磐石的途中，每到一地都召开群

中共满洲省委旧址

众大会，宣传中国共产党的抗日主张，把反动地主的粮食分给当地群众，因而人民群众热烈欢迎自己的队伍。杨靖宇又指导部队进行了整顿，清除了队内的土匪、流氓分子。经过整顿的南满游击队，一派生机，游击队员个个摩拳擦掌，人人都想着如何在反日游击战争中杀敌立功。杨靖宇又指导磐石中心县委在石虎沟召开扩大会议，改组了县委领导班子，党组织的战斗力得到增强。

在领导骨干提高认识的基础上，杨靖宇开展了这样三项工作：

（一）召开追悼会，悼念游击队建立以来为抗日救国牺牲的战士。

（二）加强队伍建设，调整领导骨干。

（三）积极开展抗日游击战，扩大武装抗日的成果。

游击队的抗日斗争得到人民群众的支持，乡亲们热情送来各种慰问品，青壮年踊跃报名参军，就连有的伪军都说："我们与红军没有仇恨，再让打红军的时候，我们不瞄准打了。"杨靖宇率领的中国工农红军第三十二军南满游击队这支党领导的抗日武装，就像一只熠熠生辉的火炬，给正在日伪黑暗统治下痛苦挣扎的同胞带来了光明和希望。

在南满游击队的打击下，日伪当局深感南满游击队对其统治的威胁，必欲除之而后快。1933年1月下旬，由日伪军组成的"讨伐队"相继开进磐石山区，对南满游击队和其他抗日武装进行"围剿"。这对刚刚发展起来的游击队，无疑是一次巨大考验。从1月末至5月初，杨靖宇指挥游击队先后粉碎了敌人4次大规模"围剿"。

南满游击队的抗日游击斗争不仅在南满地区的人民群众和抗日义勇军中广泛受到欢迎，在伪军中也产生了强烈的反响，许多人幡然醒悟，不想再给日本侵略者卖命。他们有的在战场上放空枪，有的开小差，有的干脆投向游击队。

1933年5月28日之夜，在共产党员曹国安、宋铁岩等策动下，驻磐石县烟筒山镇的伪吉林警备军第五旅第十四团迫击炮连50余人举行起义，他们击毙反动连长，携带迫击炮1门，步枪50余支，炮弹80发，子弹数万发，加入南满游击队，受到杨靖宇和全体游击队员的热烈欢迎，被编为南满游击队迫击炮大队。

杨靖宇率领南满游击队进行的英勇斗争，向人民群众展示了中国共产党坚决抗日的主张，使人民群众增强了抗战必胜的信心。从此，杨靖宇率领英勇的游击队指战员，在崇山峻岭中摆开抗日游击战争的战场，在与武装到牙齿的日本侵略者的生死搏斗中，挥扬着自己的胆识和力量。

　　杨靖宇深入南满武装抗日第一线后，亲眼看到在已经成为日本殖民地的东北地区不加区别地实行土地革命的方针，给抗日斗争造成的危害。因此，他在实践中努力纠正"左"的倾向，积极争取更多的抗日力量，集中打击日本侵略者。他多么希望党中央有更明确的指示，团结更多的人一道抗日啊！这一天终于来到了。

　　1933年5月中旬，杨靖宇按照中共满洲省委的通知，北上哈尔滨，参加重要会议。杨靖宇详细地向中共满洲省委汇报了南满抗日游击运动的形势，然后学习领会中共中央的"一·二六指示信"。

　　"一·二六指示信"是根据共产国际执行委员会第十二次全会的精神和部分参加过东北抗日斗争同志的汇报，在共产国际的指导下，由中共驻共产国际代表团以中共中央的名义于1933年1月26日写给东北党组织的指示信，全称是《中共中央给满洲各级党部及全体党员的信——论满洲的状况和

我们党的任务》（简称"一·二六指示信"）。这封指示信于1933年学习讨论，联系"北方会议""左"的主张给东北地区抗日斗争造成的危害，认为"一·二六指示信"基本正确，决定接受并尽快贯彻下去。杨靖宇到达哈尔滨后，省委向他传达了"一·二六指示信"以及省委接受这一指示的决议。省委决定任命杨靖宇为省委代表，正式调南满地区工作，领导南满抗日斗争。

　　杨靖宇坚决拥护党中央的指示，服从省委决定，联系磐石抗日游击斗争的实际，认真学习"一·二六指示信"，收获很大，感触颇深。他清醒地认识到，在过去的一段时间里，游击队之所以多次失利，就是因为不顾日本侵略者已成为我们全民族的共同敌人这一现实，一味强调打土豪分田地，建立苏维埃政权，解除土匪武装，反抗日本侵略者等任务必须同时进行，致使党无法在群众中扎根，甚至把有的抗日队伍推到"日本帝国主义的怀里"，使游击队陷于孤军作战的境地。只有团结一切抗日力量，尤其是团结抗日义勇军、山林队，建立广泛的抗日统一战线，共同打击日本侵略者，才能取得抗日战争的胜利。

　　6月上旬，满怀喜悦的杨靖宇，回到这崇山峻岭之中，他要根据党中央关于建立抗日统一战线的方针，动员和团结成千成万不愿做亡国奴的人们，在南满大地摆开抗日游击战争的战场。杨靖宇首先向磐石中心县委和南满游击队领导传达了中央的"一·二六指示信"以及省委的有关决定，深入研究建立抗日统一战线的途径。

当时，在磐石等地建立抗日统一战线需要解决的重要问题是如何争取和团结众多的义勇军、山林队一道抗日。这些义勇军、山林队一般都按当地土匪的习惯报号，人数众寡不一，信仰主张各异，情况十分复杂。他们中有旧东北军余部，但来自农民者居多；有的杀富济贫，有的胡作非为；有的抗日比较积极，有的摇摆不定；有的以"合枪合财"或"合枪不合财"的方式建立一定的组织联系，但多数各自为政，很少联系。

日伪当局十分仇视这些抗日义勇军和山林队，必欲除之而后快。他们派重兵"讨伐"，重金悬赏捉拿义勇军、山林队首领或取其首级。在义勇军、山林队陷入困境的时候，杨靖宇组织游击队员主动帮助他们，以送书信、发

传单、派人员等方式与他们联系，争取团结他们一致抗日。

为了扩大抗日统一战线，更加有力地打击敌人，粉碎敌人的"围剿"。杨靖宇率领南满游击队以不投降，不卖国，与日伪军作战到底；拥护工农及一切反日群众的斗争；允许民众自动武装和帮助民众武装等为条件，与千余人的各抗日义勇军、山林队建立了作战联盟关系，同时以避敌主力，攻敌薄弱，主动出击的战术，连续与日伪军展开多次规模较大的战斗。

一、攻占营城子镇战斗

1933年7月12日傍晚，杨靖宇率领南满游击队和"毛团"等抗日义勇军组成的千余人的联合军，进攻伊通县营城子镇。伪警察第一、第六两个中队负隅顽抗，终被勇猛的联合军击溃，营城子镇被联合军占领。伪县长得知营城子被攻击的消息后，惊恐万分，哀求日军堤中尉出兵救援。堤中尉与另两个日本军官率日伪军150人驰援。13日清晨，日伪军进攻占据营城子镇的抗日联合军，双方展开激战。联合军俘虏伪警察6人，伤敌2人，缴获数千元现大洋及大量物品，然后顺利撤出战斗。

二、攻打三道沟伪军营房战斗

坐落在大地主王大先生大院内的三道沟伪军营房，

筑有高墙、炮台，警备森严，易守难攻。为了打掉敌人这一重要据点，筹集军需物资，杨靖宇做了一系列准备工作。一天傍晚，游击队员们正在吃饭，忽然从伊通方向开来500余名伪军。杨靖宇派出小分队占据路边的有利地势埋伏起来，待敌人临近时突然发起攻击，敌人不知虚实，慌忙退走。

　　3天后，南满游击队在杨靖宇的指挥下，对三道沟的敌人营房发起猛烈进攻。英勇机智的游击队指战员猛打巧攻，迅速攻破了四周炮台。然而，正当杨靖宇指挥迫击炮大队准备炮轰敌人营房时，敌人却乘隙占据院外

杨靖宇

后山有利地势。杨靖宇见形势已变得对我不利，果断决定撤出战斗。杨靖宇率领南满游击队主动进攻三道沟敌人营房的战斗，在抗日义勇军、山林队中引起很大反响，大家都称赞杨靖宇率领的南满游击队敢打会攻。

三、破坏吉（林）海（龙）铁路战斗

为了截断敌人的重要交通线——吉海铁路，杨靖宇召开了有"马团""赵团""毛团""孙团""韩团"等抗日义勇军参加的会议，会议决定各部队联合行动，对敌人的兵营、车站、铁路发动全面进攻。

1933年7月18日，杨靖宇指挥南满游击队攻占了小

桦甸

城子伪军兵营，破坏了老爷岭附近的一段铁路。随后，又向这一地段的另一座伪军兵营发起攻击。

同一天夜里，其他抗日义勇军也按会议部署，采取了破坏吉海铁路的行动，烟筒山以北的区段还发生了抗日义勇军与日伪军的激烈战斗。这次联合行动，沉重地打击了日本侵略者，极大地鼓舞了抗日武装的士气。

四、进攻吉林七、八区战斗。

吉林七、八区是吉林与桦甸毗邻地带，驻有三四个伪军兵营，其中八道河子、横道河子（今属桦甸县）两镇为敌人重要据点。1933年7月20日，南满游击队联合其他抗日义勇军在杨靖宇率领下，进军吉林七、八区，对这一地区的日伪势力进行全面打击。在进军八道河子时，游击队和义勇军把沿途的反动地主武装全部消灭。驻守八道河子的伪军在游击队的猛烈攻击和抗日精神感召下，哗变抗日。紧接着，游击队和义勇军进军七区中部，缴获大批马匹、衣物等军用物资。

抗日军的联合作战，增进了相互间的了解和友谊，使得杨靖宇及其领导的南满游击队在抗日义勇军、山林队中的威信迅速提高。在各抗日军中，与南满游击队关系比较密切的有"老常青""青林""赵参谋长"等队伍。这些团结在南满游击队周围的抗日义勇军、山林队，有的要求尽快实现组织上的联合，有的要求在抗日游击战

争中联合行动。在这种形势下，杨靖宇认为已经到了建立抗日军联合组织的时候了。

1933年7月下旬，在桦甸县八道河子附近，杨靖宇主持召开了抗日军联合参谋部成立大会。南满游击队领导与"马团""赵团""毛团"等抗日武装首领参加了大会。大会决定成立抗日军联合参谋部，选举杨靖宇为政治委员，毛作彬为总司令，李红光为参谋长，傅殿臣为军需部长。抗日军联合参谋部的建立，在抗日军民中引起强烈反响，人们从抗日武装的联合与壮大中看到了希

东北抗日联军转战在白山黑水之间

图为抗联第一路军警卫部队之一部

望。此后，杨靖宇领导南满游击队继续广泛深入地开展抗日统一战线工作，一些抗日义勇军陆续加入联合参谋部，南满游击队的政治影响越来越大。一些过去抢掠过百姓的义勇军加入联合参谋部后，看到杨靖宇领导的南满游击队抗日坚决，纪律严明，爱护群众，深受人民群众欢迎，十分羡慕。每当与群众接触时，他们常说："我们也随红军了！"以改变群众对他们的看法。于是，在党领导的南满游击队周围团结了一大批抗日武装力量，加入联合参谋部的反日部队一时竟达三四千人之多。

为了发挥抗日统一战线的作用，共同打击敌人，杨靖宇召开抗日军联合参谋部各部首领会议，决定联合攻打磐石县东部重镇东集场子（今呼兰镇）。南满游击队与"毛团""殿臣"等各抗日军共出动1500余人，从1933年8月13日开始，对东集场子实施围攻。镇内敌人一面顽抗，一面向磐石求援。

由于敌人援兵临近，抗日义勇军各部先后退走，南满游击队也只好撤出战斗。这次战斗，是抗日军联合参谋部成立后，采取的一次大规模的联合行动。在三天三夜的战斗中，联合军把东集场子围得水泄不通，毙伤日伪军20余人，尤其是击毙死心塌地效忠日本侵略者的反动地主武装头子高锡甲，更是大快人心。战斗结束后，参战各部异口同声地称赞南满游击队指挥得力，作战英

勇，冲锋在前，退却在后。

攻打东集场子战斗结束几天之后，杨靖宇又得到群众报告，东集场子的敌人近日将去磐石县城领取给养和弹药。获此情报后，杨靖宇率队在敌人返回时必经的哑巴梁子埋伏下来。敌人的给养队如期返回，早已埋伏在这里的南满游击队突然出击，毙伤敌人10余人，缴获大批军需物资。这次伏击战，打得敌人魂飞魄散，侥幸逃回磐石县城的敌人惊恐地说："到哪都遇到红军"。从此，一提起红军，磐石一带的敌人就吓得胆战心寒。

东北人民革命军
红色游击速壮大

　　杨靖宇指挥南满游击队联合抗日义勇军对日伪军频繁采取军事行动的地区，是距日伪统治中心——伪新京（今长春）很近的吉林省东部地区，对日伪统治者的威胁极大。日伪当局惊呼："省之南境、西境、磐石、双阳、伊通、桦甸等县胡匪充斥，势甚猖獗，扰害日益加厉。"

　　由于杨靖宇坚决贯彻党的抗日统一战线的方针，把一大批抗日义勇军、山林队争取和团结到南满游击队周围，建立起抗日武装统一战线组织。尤其是率领南满游击队和抗日义勇军联合作战，既锻炼和提高了游击队的作战能力，又在抗日军民中扩大了游击队的政治影响，开创了抗日游击战争的新局面。

　　对杨靖宇领导的南满游击队几个月的工作，中共磐石中心县委在1933年8月的一份决议中是这样评价的："红色游击队是用了反帝国主义统一战线的策略与抗日军

毛司令、马团、赵团、殿臣等，建立上层统一战线，领导三四千的抗日军，攻打吉林七区、伊通营城子、八道河子、横道河子、东集场子等镇，给予日本帝国主义及其走狗'满洲国'势力以严重的打击，他们动摇和恐慌，客观上大大地增强了在抗日民族革命战争中的政治影响。"这些都是杨靖宇坚决贯彻党的抗日统一战线方针的结果，既证明了党的抗日统一战线方针的正确和威力，同时也说明了杨靖宇具有较高的政治水平和工作能力。

1933年7月1日，满洲省委在给磐石中心县委和南满游击队的信中，明确要求将中国工农红军第三十二军南满游击队"改为东北人民革命军第一军，目前军队的编制稍稍在向前发展时，立刻编制成为第一师。"

为了贯彻中共满洲省委的指示，1933年8月15日，磐石中心县委召开了南满游击区和南满游击队代表会。

杨靖宇依据省委指示精神，提议在积极开展抗日游击战争中，发展抗日武装，拟于九一八事变2周年时，正式建立东北人民革命军第一军独立师。与会代表一致同意杨靖宇的建议。

杨靖宇和磐石中心县委为建立东北人民革命军第一军独立师，在组织、宣传、干部培养选拔等方面展开紧张的筹备工作。同时，努力发展工人、农民参加游击队，使南满游击队迅速得到壮大。至1933年9月，南满游击队已达300余人。

1933年9月18日，在九一八事变2周年之际，中共磐石中心县委在磐石县西玻璃河套猪腰岭召开东北人民革命军第一军独立师成立大会，杨靖宇在广大军民的热烈掌声和欢呼声中发表了热情洋溢的讲话。他庄严宣布，东北人民革命军第一军独立师成立。

东北人民革命军第一军独立师建立后，杨靖宇率领全体指战员广泛开展抗日游击活动。根据烟筒山至取柴河之间，伪军第十四团的一支护路队经常在这一区间巡逻的敌情，杨靖宇派独立师第三团第九连在铁路两侧设伏，毙敌3人、伤3人、俘5人，缴获新式步枪9支、手枪1支、子弹1000粒，第九连无一伤亡。战斗结束后，对5名俘虏进行教育后，每人发给路费5元，释放他们回家。

　　1933年10月上旬，杨靖宇主持召开东北人民革命军
独立师和"毛团""马团""天虎""赵团"及其他抗日义
勇军首领会议，议定联合攻打西安县城（今辽源市）。这
次行动由于"毛团"首领毛作彬未执行会议决定，减弱
了联合军的力量，致使预期的目的未能实现。但在向西
安推进时，独立师攻下夹信子街，"天虎"部进至沙河子
街，沿途各地的反动"会兵"被抗日军横扫一空，沉重
地打击了日伪势力。

　　此后，日本侵略者加紧对抗日军实施分化阴谋，对
摇摆不定的义勇军首领采取诱降手段，妄图孤立杨靖宇
领导的独立师。在日伪当局的威逼利诱下，"毛团"首领
毛作彬再次投敌。对此，杨靖宇及时领导独立师和各抗
日义勇军，展开反对投敌卖国的斗争，造成以抗日救国
为荣、以投敌卖国为耻的政治氛围，粉碎了敌人的分化

阴谋。

在杨靖宇的领导下，南满游击队的战斗力得到充分发挥，仅短短的几个月就使游击区迅速扩大，根据地从无到有并不断巩固。1933年下半年，抗日游击区已扩展到磐石县西北的伊通县境内。

杨靖宇率领东北人民革命军第一军独立师在辉发江南的抗日斗争，在抗日军中得到广泛的赞誉。各种抗日武装纷纷要求接受共产党领导，广大爱国青年积极要求参加人民革命军。

一天，一位姓马的技师来到独立师驻地，他的抗日热情很高，一直企盼着投入抗日队伍。当他找到独立师后非常高兴，兴致勃勃地与杨靖宇等领导谈起抗日救国的工作。在场的一位同志指着杨靖宇向马技师介绍说："这位就是红军的杨司令。"马技师听到后，连忙站起来听杨靖宇讲话，大家让他坐下，他就是不肯，并连声说："现在我可找到真正抗日救国的司令了。"杨靖宇的讲话结束后，马技师立即跪在地上磕了3个响头，然后坐下说："这回我才有座。"接着，马技师向杨靖宇报告了许多军事秘密，真心实意地要求参加人民革命军。马技师具有很高的兵工技术，参加人民革命军后在军械厂工作，勤勤恳恳地从事武器修理工作。这一事例，充分反映了杨靖宇及其率领的独立师在抗日军民心中的地位。

　　1934年1月18日，杨靖宇率队从八道江撤出战斗后，计划攻打小荒沟，然后绕道西去清原。但是，由于大批日伪军围追堵截，杨靖宇只好放弃这一计划。1月25日，杨靖宇率部与敌人连日作战后，又与伪军邵本良部遭遇。战斗开始后，杨靖宇指挥部队且战且走，全队被敌人冲成2段，杨靖宇等司令部的5位同志与大部队脱离。大家十分着急，一面突围，一面派出小分队寻找杨靖宇等人。当晚，杨靖宇率随行4人也在寻找大部队，但因天黑且山深林密，始终未能找到。

　　第二天夜里，杨靖宇一行5人遇到一个抗日军小队，交谈中得知他们与早已和人民革命军建立友好关系的"青林"熟悉。于是，杨靖宇便让他们给"青林"队送信，说明杨靖宇等人的情况。"青林"队首领见信后，立即对全体弟兄说："杨司令5人作战滑出来了（脱离了队伍），我们豁出上半截，也要接他去。"紧接着，"青林"队全体出动，连夜把杨靖宇等5人接到"青林"队驻地。

　　杨靖宇到"青林"队驻地后，当天就与"老常青"队首领隋常青接上头。隋常青是活动在辉发江南的一支抗日义勇军首领，此前曾与杨靖宇见过面，那是杨靖宇率领独立师南渡辉发江后的事。当时杨靖宇率部主动联合其他抗日军，很多群众想不通，对杨靖宇说："你们这样好的队伍，怎么和他们打交道？"杨靖宇耐心地对群众

说："豺狼入门，外患为重，要联合起来对付日本帝国主义者！"经过杨靖宇和独立师指战员的反复宣传，群众对党的抗日统一战线方针逐渐理解后，也开始为抗日义勇军筹粮备草。有的抗日义勇军也接受杨靖宇和独立师指战员的劝告，对老百姓的态度好了一些。这些使"老常青"觉得奇怪，他说："共产党真有门道，他们一来，老百姓都变了，我要亲眼见见杨司令。"

此后的一天，杨靖宇率队在金川县龙泉镇宿营，"老常青"真来了。不过他还是心有疑虑，先在山上部署了部队，而杨靖宇却只带1个警卫员去见他。谈话进行得十分融洽，他回营后逢人就讲："共产党最有骨头，最讲义气，最有学问。有远见的要和他们交朋友。"尤其是杨靖宇率部连战连捷后，不仅"老常青"，许多抗日义勇军都渴望加入共产党领导的人民革命军或接受其领导，联合作战。

在这段时间里，杨靖宇经常向"老常青""青林"讲解党的抗日统一战线方针，说明齐心协力、团结抗日的必要性和重要性，使他们更加赞成共产党的抗日主张，也更加敬重杨靖宇，称杨靖宇"就是我们的司令。""老常青"说："我奔波了半生，过得都是黑暗日子，如今见着共产党就是见着了太阳。从前我们百十多名弟兄，不知走哪一条路好。杨司令在这一带坚决抗日，爱民如子，威名远震，使我佩服得五体投地，我和弟兄们越来越清楚，只有跟共产党走，才有出路。"

杨靖宇在"青林""老常青"处活动半月之久，才与独立师重新会合。鉴于原来在桦甸成立的抗日军联合参谋部，由于毛作彬的叛变，已经名存实亡，杨靖宇开始考虑建立一个新的抗日武装统一战线组织，以便实现抗日武装力量更广泛的联合。于是，杨靖宇召开独立师党委会，研究建立新的抗日军联合组织的问题。会议决定，邀请各抗日军到第一军独立师驻地，共商联合抗日大计。

1934年2月21日，在临江县的一个木棚里，杨靖宇主持召开抗日军首领会议，独立师和16支抗日军的首领到会，历时6天，商讨了建立抗日联军总指挥部的问题。会议首先由杨靖宇代表中共满洲省委讲话，他分析了当

东北抗日联军骑兵部队

时东北抗日斗争的形势，阐述了中国共产党抗日统一战线的方针，指出："要取得抗日斗争的胜利，就必须团结。不团结起来，不仅不能彻底打击敌人，而且将有被敌人各个击破的可能。"杨靖宇强调指出："斗争是长期的，今日联合，万不可遇难而退。"会议决定正式成立抗日联军总指挥部，并通过了抗日联军斗争纲领、抗日联合宣言、联合作战条例等文件。

在东北人民革命军第一军独立师政纲基础上形成的抗日联军斗争纲领，反映了与会抗日联军在中国共产党领导下联合抗日的愿望，重申了联合抗日的三项条件：（1）不投降，坚决抗日到底。如有勾结敌人叛变等情，一经察觉，由总指挥部下命令解除该队武装，以军法行事。（2）在各队游击区内抗日群众或抗日工作人员的工作，队伍应给以保护。（3）允许并帮助抗日群众武装进行抗日斗争。会议通过的抗日联合宣言明确提出："我们，南满的抗日军领袖们，在祖国山河欲裂，严重危难之际，向三省同胞宣誓：我们一致拥护中国共产党的坚决抗日主张，不分见解、信仰，枪口一致对外……我们一致联合起来。"

选举总指挥部负责人时，会场气氛格外庄重，与会人员郑重地投出自己的每一票。室内鸦雀无声，选总指挥共17张票，16张写着杨司令。

　　会议决定，除东北人民革命军第一军独立师外，参加抗日联军总指挥部的各抗日义勇军统编为8个支队："老常青"为第一支队，"四海"为第二支队，"国军"为第三支队，"朱司令"为第四支队，"双胜"为第五支队，"保国"为第六支队，"东边好"为第七支队，"赵参谋长"为第八支队。参加抗日联军总指挥部的抗日军总人数为4000余人，其中第一军独立师320多人。会议还划分了第一军独立师和第一至第八支队的活动区域。

　　与1933年在桦甸成立的抗日军联合参谋部相比，抗日联军总指挥部不论是在组织形式上还是在斗争纲领上都有新的飞跃，前者只是中国共产党领导的抗日武装争取抗日军的松散联合组织，而后者则是各抗日义勇军在承认中国共产党领导地位并以党领导的抗日武装力量为核心的前提下，联合成立的军事指挥机关。在抗日联军总指挥部内，各支队在总指挥杨靖宇的统一指挥下，按共同通过的抗日联军斗争纲

抗联标语

领开展抗日游击战争。

抗联小路

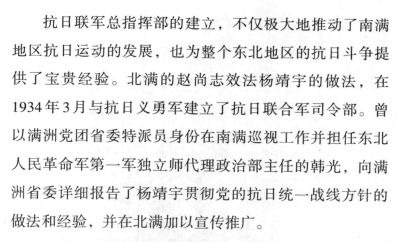

群众路线指方向
统一战线革命军

　　抗日联军总指挥部的建立，不仅极大地推动了南满地区抗日运动的发展，也为整个东北地区的抗日斗争提供了宝贵经验。北满的赵尚志效法杨靖宇的做法，在1934年3月与抗日义勇军建立了抗日联合军司令部。曾以满洲党团省委特派员身份在南满巡视工作并担任东北人民革命军第一军独立师代理政治部主任的韩光，向满洲省委详细报告了杨靖宇贯彻党的抗日统一战线方针的做法和经验，并在北满加以宣传推广。

　　此后，在中共中央和中华苏维埃中央政府1935年8月1日发表的《为抗日救国告全体同胞书》（"八一"宣言）和1936年2月20日中共驻共产国际代表团以杨靖宇、王德泰、赵尚志、李延禄、周保中等人的名义发表的《东北抗日联军统一军队建制宣言》中，都提出组建"抗日联军"的主张，这正是杨靖宇率先提出并付诸实践的。

　　1934年春天，就在杨靖宇为开创南满抗日游击战争新局面而艰苦工作的时候，严重的肺病又在折磨着他。他每天全身发烧，夜间盗汗，胸部闷痛，咳嗽气促，口吐浓痰，身体十分虚弱。但他深知部队干部的缺乏，因此置严重病痛于不顾，以顽强的毅力坚持战斗在抗日游击战争的第一线。

　　杨靖宇要求东北人民革命军第一军的全体指战员必须严格遵守群众纪律，努力为群众谋利益，尽量减少群众的负担。他强调要尊重群众，对老百姓要和气讲礼貌，与老年人见面时要称呼大爷、大娘，与年轻人见面时要称呼大哥、大姐。他要求部队不论到了什么地方，都必须向人民群众讲清人民革命军的性质，宣传抗日救国的

赵尚志将军横枪立马塑像

道理，让人民群众发自内心地支持抗日部队并积极投身抗日斗争。

杨靖宇不仅要求干部战士做好群众工作，而且自己亲自去做群众工作。

1934年夏天，杨靖宇率第一军独立师政治保安连百余人来到小四平村。这个村的群众从未见过人民革命军，一看到人人都戴红袖标的队伍，以为是"红胡子"来了，全都吓跑了。一位叫张锡祯的农民往树林里跑，正好与杨靖宇身边的战士撞个满怀。战士问："你是老百姓，怎么怕人民革命军？"张锡祯说："我以为你们是土匪。"杨靖宇走上前去，耐心地向他介绍人民革命军的性质，告诉他人民革命军是以抗日救国为己任的，和老百姓是一家人。杨靖宇的话深深感动了张锡祯，他当即表示要参加人民革命军。杨靖宇对他说："我们欢迎你抗日，可我们更需要你能在地方上多为抗日救国做些工作，帮助开辟抗日根据地。"从此，张锡祯根据杨靖宇的部署在大小四平从事地方工作，动员群众为第一军独立师送粮食，做军衣，传递情报，救护伤员，安排过往部队的食宿，使这里成了独立师的可靠后方。

在杨靖宇率领抗日部队活动的区域，敌人还实行"匪民分离"的毒辣政策，"归屯并户"，建立"集团部落"。他们强迫游击区的散居居民，迁入靠近交通要道建立的"大屯"居住，在伪警察、警备队和特务的监督和刺刀下生活。这种"集团部落"政策，1933年首先在东满实行，1934年逐渐在南满、北满的广大地区推行。日本侵略者用残暴的"三光"政策来保证"集团部落"的建立。他们把分散在山区的民房一律烧光，强迫人们搬进"集团部落"；对山区居民的财物一律抢光，使其无法在原地生存下去；对拒绝迁入"集团部落"的居民一律杀光。就是在这种十分险恶的条件下，杨靖宇率部在日本侵略者占领的心脏地区英勇转战，不断扩大抗日游击

杨靖宇雕像

区，发展党领导的抗日武装力量。

在此期间，中共满洲省委多次指示南满党组织和部队，尽快建立中共南满特委，正式成立东北人民革命军第一军。

1934年11月5日，中共南满第一次代表大会在临江县四道二

李东光

岔召开。杨靖宇在会上做了关于目前形势和党的方针任务的报告。大会通过了《中国共产党全南满第一次代表大会之决议》，一致通过了杨靖宇关于正式成立东北人民革命军第一军和建立中共临时南满特委的提议，选出了中共临时南满特别委员会，决定了第一军的建制和干部名单。会议选举5人为临时特委委员，李东光为临时特委书记兼宣传部长，纪儒林为常委兼组织部长，宋铁岩等为委员。1935年2月19日，中共满洲省委在批复信中指定杨靖宇为南满特委常委。

1934年11月7日，在南满党的第一次代表大会上，根据杨靖宇的提议，宣布成立东北人民革命军第一军。

列宁像

因为这一天是苏联十月革命纪念日，17年前的这一天，以列宁为领袖的布尔什维克党领导俄国无产阶级和人民群众，推翻了资产阶级的统治，建立了世界上第一个社会主义国家。选择这一天正式成立东北人民革命军第一军，昭示了杨靖宇和他的战友们决心在中国共产党的领导下，学习十月革命的精神，动员和团结广大人民群众，武装驱逐日本侵略者，赢得国家独立和人民解放，建立社会主义制度的坚定信念。

会上，杨靖宇宣布了东北人民革命军第一军的建制和干部名单。第一军暂设两个师，军部直属一个保卫队、两个教导连。杨靖宇任军长兼政治委员，宋铁岩任政治部主任，朴翰宗任参谋长，马占元任军需处长；李红光任第一师师长兼政委，韩浩任副师长，程斌任政治部主任，第一师下辖第三、五、六团；曹国安任第二师师长，李松波任参谋长，张云志任政治部主任，第二师下辖第七、八、九团。全军800余人，受第一军直接领导的抗日义勇军900余人。

东北人民革命军第一军正式编成后，所属各部队认真总结以往的斗争经验，遵照中共满洲省委的指示精神，采取游击战争的战略战术，灵活机动地打击日本侵略者。

1935年5月，杨靖宇召集十几个山林队的首领在查家堡子开会，向他们宣传中国共产党抗日救国的方针，然后将这些山林队编成一个游击大队，下辖4个中队。此后，第一军与"青山好""落日好"等山林队也陆续建立了联合作战关系。

杨靖宇对义勇军、山林队首领晓以民族大义，昭以爱国情怀，建立友谊，肝胆相照。贫农出身的朱海乐为生活所迫，险走江湖，结壮为伍，杀富济贫。日本侵略我国东北地区后，朱海乐怀着对日本侵略者的满腔怒火，率队与日伪军厮杀，但因势孤力弱，屡屡失利。当朱海乐听说杨靖宇率领的人民革命军常常把日伪打得蒙头转向时，十分佩服，总想见见杨靖宇和他领导的东北人民革命军第一军。杨靖宇知道朱海乐的情况后，主动前往会面。杨靖宇向朱海乐介绍了中国共产党"团结一致，共同抗日"的方针，让随行人员把2支步枪送给朱海乐，权作纪念，以铭共同抗日之志。朱海乐见杨靖宇不仅深谋远虑，而且实实在在，深受感动。他见杨靖宇腰间挎的是一支旧式三号匣子，便说："杨司令，我用的是大镜面匣子，它是我心爱之物。可惜，这支枪在我手里没有多大用途。今天我送给您，表示我抗日的心意，请司令收下。"杨靖宇说："朱团长太谦虚了。我只收下你决心抗日的诚意，这支枪在你手里一样有用。"朱海乐见杨靖宇不肯收枪，就说："如果杨司令不收我的枪，那就是看不起我朱团长。"杨靖宇见盛情难却，只好把枪收下，然后解下自己的匣枪说："既然这样，我们就把自己的枪作为团结抗日的信物，互相交换，留做纪念吧。"朱海乐十分高兴，双手接过了杨靖宇的匣枪。

李红光（1910—1935年）
东北人民革命军第
一军参谋长兼第一师师
长

杨靖宇十分重视根据地建设，经常教育干部战士要把发动群众、建立根据地和武装斗争结合起来，才能使我们的抗日斗争取得最后胜利。

在杨靖宇的领导下，第一军的干部战士每到一地，都配合当地党组织，宣传群众，组织群众，和群众打成一片。他们帮助群众建立农民委员会、反日会、农民自卫队、青年义勇军等组织，为创建抗日游击根据地奠定群众基础。据统计，1934年11月，南满各地共有反日会员6000余人，反日妇女会员700余人。

根据抗日游击区域不断扩大的形势，中共满洲省委于1934年10月19日在给南满党组织和杨靖宇的信中指出："目前游击区域已包括20县，暂时依照你们划分的4个区域来开展游击运动，但是首先必须集中主要的力量在已有的旧游击区域（第一区）及第二、第三区活动，首先巩固与发展这些区域，不要无中心无目的东游西击，顾此失彼，应当立刻准备根据地的创造和建立，但不是死守根据地，同时应当开展其他游击区域，不是死守旧的区域。"杨靖宇遵照省委指示，在率领第一军各部巩固和发展游击区的同时，在金川河里、濛江（今靖宇）那尔轰、本溪和尚帽子等地建立了抗日游击根据地。

位于金川、临江、柳河、通化等县交界地区的河里抗日游击根据地，地处龙岗山脉中段、哈泥河上游。由于这里山高林密，交通闭塞，日伪统治比较薄弱，因此是党领导的抗日武装建立根据地的理想地方。1934年日本侵略者开始推行"归屯并户"，散居在山里的居民都被日伪军强迫迁入"集团部落"。在这种情况下，杨靖宇认为，必须建立可靠的后方，以使党领导的抗日武装能够

有一个休整补充的基地。于是，决定在哈泥河谷地一个叫河里的地方，建立游击根据地。

1934年夏，第一军负责后勤工作的同志遵照杨靖宇的指示，把原建在磐石、伊通的医院、修械所、被服厂等先后迁到河里，在河里陆续建起密营、后方医院、被服厂、小型兵工厂、仓库、弹药库等。有时这里储藏着可供四五百人吃三四个月的粮食。由于敌人的严密封锁，药品奇缺，部队便留下部分人员在深山老林人迹罕至的地方种植一些罂粟，用以熬制鸦片，作为止痛、镇静的药品。

在东北人民革命军第一军的发展进程中，杨靖宇出色地把党的领导、政治宣传、思想教育和领导示范等工作融为一体，凝聚军心，激励斗志，使全体指战员紧密

地团结在党的周围，与武装到牙齿的日本侵略者殊死搏斗，一往无前。

杨靖宇十分注意建立和健全党的各级组织，尤其是坚持"支部建在连上"的原则，以保证党对人民革命军的绝对领导。如1934年春，当时第一军独立师为370人，其中党员78人，团员88人，韩震负责党务。1934年11月东北人民革命军第一军正式成立后，军政治部主任宋铁岩兼党务。各级党组织每月开会3次左右，讨论形势、任务、群众工作、抗日统一战线工作等，充分发挥了党的领导核心作用。当时党的组织是不公开的，但党组织的领导作用、党员的先锋模范作用是随处可见的，杨靖宇特别强调共产党员必须冲锋在前，退却在后。在贯彻执行党的路线、方针、政策方面，杨靖宇更是一丝不苟，从而保证了党对抗日游击战争的领导。

一次，一个干部问："党中央在关内，我们在关外，怎么能够领导我们呢？"杨靖宇告诉这位干部："只要我们执行党的路线、方针、政策，那就是在党的领导之下了。"为保证党的路线、方针、政策的贯彻执行，杨靖宇在部队建立了政治部、政治委员和政治指导员制度，并亲自担任军政委。

抗日联军众心齐
义勇、山林皆同胞

日本侵略者千方百计地对中国共产党领导的抗日武装实行封锁和分割，妄图达到各个击破、进而彻底消灭的目的。然而，反日烈火是锁不住、割不断的。1935年秋季，杨靖宇领导的东北人民革命军第一军为军长、魏拯民为政委的东北人民革命军第二军，冲破日伪当局的重重封锁，在濛江县（今靖宇县）那尔轰胜利会师。

1935年6月，杨靖宇曾命令第一军第二师第八团团长李永浩率部赴桦甸、濛江、抚松一带活动，并派人赴东满与东满特委和第二军建立联系。同年8月，东满特委和第二军党委派特委组织部长、第二军政治部主任李学忠率领第二军第二团第二、三连约150余人组成西征队，从安图县车厂子抗日游击根据地出发，经抚松向濛江远征。8月底，第二军西征队翻越崇山峻岭、突破日伪封锁，抵达濛江县那尔轰，与正在这一带活动的第一军第二师第八团胜利会师。

第一军指战员热烈欢迎第二军战友的到来，对那尔轰一带进行了严密设防，对第二军西征队的生活也做了周密安排。

9月3日，那尔轰反日会举行军民欢迎大会，2000多人参加了大会，庆祝两军胜利会师。当地群众为两支人民抗日武装的胜利会师欢欣鼓舞，自动送来白面，杀牛设宴，为第二军西征队接风洗尘。

10月4日，第一军教导团、第二师第八团，第二军西征队，抗日义勇军"双胜"队，那尔轰附近的反日会会员和抗日群众代表共1000余人，在于家沟举行军民联

第二军军长王德泰将军塑像

欢大会。东北人民革命军第一军军长杨靖宇、政治部主任宋铁岩、第二师师长曹国安和东北人民革命军第二军政治部主任李学忠参加大会。

会后，杨靖宇、宋铁岩等代表东北人民革命军第一军党委和南满特委，李学忠代表东北人民革命军第二军党委和东满特委，举行了"第一、二军党委和东、南满特委联席会议"。会议交流了开展抗日游击战争的经验；为开辟以安图为中心的辽吉边区抗日游击根据地，决定在适当时期联合进攻安图县城。为了共同推进抗日游击战争的发展，第一、二军还订立了"抗日救国竞赛公约"，约定在1年内做到：（1）改善装备，为全部换成三八式步枪而斗争；（2）增强战斗力，把第一、二军锻炼成能征战、必取胜的铁军；（3）互学互助，互相提供开展抗日游击战争的经验。为了纪念第一、二军的胜利会师，两军还交换了礼物：第一军送给第二军两支匣枪，第二军送给第一军数枚手榴弹。

东北人民革命军第一、二军的胜利会师，打破了日伪当局对中国共产党领导的抗日武装的分割隔绝，开创了党领导的抗日武装相互联络、相互配合、相互学习的崭新局面，鼓舞了广大人民群众的抗日斗志，打击了日伪的反动统治，为东北抗日联军第一路军的组成奠定了基础。

1935年10月，日本外相广田弘毅提出所谓"对华三原则"，进一步加快了侵略整个中国的步伐。为了更有力地打击日本侵略者，杨靖宇决定率部主动出击。1936年1月13日，杨靖宇率部在通化大泉眼围歼日军广濑部队，广濑以下12人被击毙。

这使日本侵略者又想起了邵本良。原来，伪军邵本良部运输队被人民革命军伏击后，日本侵略者对邵本良十分不满，唆使一个姓马的人说邵本良给杨靖宇送去3000发子弹，并依此将邵本良投入监狱。这时，日本侵略者又觉得邵本良有用了，从监狱放出这条疯狗，专门"围剿"杨靖宇领导的抗日武装。

1936年春节刚过，东北人民革命军第一军的指战员就纷纷向杨靖宇请战，希望打个漂亮仗。杨靖宇成竹在胸，笑着对大家说："别急，不过5天就有工作可干。"果然不出杨靖宇所料，没有几天，杨靖宇就得到了有关邵本良

许成淑
东北抗日联军女战士

部的情报。并决定袭击邵本良部伪军第六混成旅第七团团部的驻地热水河子。

热水河子驻有日军守备队30余人，伪警察30余人，伪自卫团20余人，伪七团70余人。伪七团团部位于热水河子街区中心，对面有一座比较坚固的炮台。为了使攻袭热水河子的战斗万无一失，杨靖宇主持召开了连以上干部会议，仔细讨论作战方案。大家一致认为热水河子的日伪军防守严密，不宜强攻，只能智取。杨靖宇在充分听取大家意见的基础上决定，利用地方组织打入邵本良部的关系，突然袭击，里应外合，攻袭矛头直指伪七团团部。基于这样的作战方针，杨靖宇做了详细的战斗部署。军部直属部队教导团团长许国有率领由20人组成的手枪队，悄悄潜入街区，首先解决炮楼里的敌人，由机枪班占据炮楼，控制整个街区，最后手枪队配合大队人马攻取伪七团团部。

2月26日晚10时，杨靖宇率领300多人的部队向热水河子进发。27日凌晨1时，杨靖宇率部跨过浑江，按计划展开战斗。许国有团长在打入伪军的老刘引导下，带领手枪队迅速蹿上街心炮楼，解除了炮楼敌人的武装。机枪班紧紧跟上，控制了热水河子整个街区，尖兵直插伪七团团部，将团部门口的哨兵缴械。随后，杨靖宇率领大队人马冲进伪军营房，睡梦中的伪军全部当了俘虏。

伪团长邵本良和日本指导官因去通化，侥幸逃脱。

1936年2月10日，中共驻共产国际代表团以中共中央的名义制定了《为建立全东北抗日联军总司令部决议草案》，明确提出把全东北的抗日军队统称为"东北抗日联军"。2月20日，又以东北抗日联军第一军军长杨靖宇及第二、三、四、五、六军军长王德泰、赵尚志、李延禄、周保中、谢文东和汤原、海伦带领的游击队的名义，发表了《东北抗日联军统一军队建制宣言》，宣布东北各抗日军队"一律改组建制为东北抗日联军第一、二、三、四、五、六军，以及抗日联军游击队。"

自 1935 年 8 月第一、二军在郑尔轰会师以后，第一军在杨靖宇的领导下，人数成倍增加，武器装备也得到很大改善。1936年5月，杨靖宇根据东北抗日联军"三三制"的建制要求，在兴京县（今新宾县）草盆沟以军部第二教导团、第五团两个连及地方游击大队为基

王德泰将军墓

础，组建了第三师，王仁斋任师长，周建华任政委。第三师以兴京、清原为中心，在抚顺、开原、西丰、柳河等地开展抗日游击活动。第一军的发展壮大，使改编东北抗日联军的条件基本成熟。1936年6月末，中共南满第二次代表大会在河里会家沟召开。会上，杨靖宇做了军事报告，南满特委书记李东光等作了党的地方工作报告。会议根据《东北抗日联军统一军队建制宣言》的精神，正式宣布将东北人民革命军第一军改编为东北抗日联军第一军，杨靖宇任军长兼政委，下辖三个师。

为进一步贯彻党的抗日民族统一战线方针，杨靖宇率领抗联第一军军部直属部队，广泛联系和团结抗日义勇军、山林队一道抗日，并把积极靠拢抗联，愿意接受抗联改编的抗日义勇军，编入抗联第一军。

抗日义勇军首领左子元，人称"左司令"，他所领导

杨靖宇将军故居

的"抗日联合救国军"有400多人，多次与日伪军交战，斗争坚决，群众关系较好，在当地的抗日义勇军、山林队中有一定影响。左子元敬佩杨靖宇抗日坚决，智勇兼备，对抗日义勇军又竭诚相待，渴望将自己的队伍改编为抗日联军，在杨靖宇直接指挥下抗日杀敌。

1936年8月的一天，杨靖宇正在筹划部队如何渡过浑江，侦察排长从江对岸回来向杨靖宇报告："左司令接我们过江来了。"对左子元的到来，杨靖宇表示热烈欢迎。此前杨靖宇派侦察排长带队过江与左子元联络，商量抗联第一军军部直属部队渡江事宜。左子元欣然相助，调集了5条渔船，上下游又布置了警戒，然后才过江来见杨靖宇。左子元说："请杨司令下命令，部队过江吧。"杨靖宇立刻命令机关枪连先行渡江。由于每只渔船一次只能载十几个人，当时又是阴雨连绵，江水上涨，风大浪高，整整经过一天一夜，大多数部队才安全渡过江去。

渡过浑江后，两支抗日武装部队住在一起，吃在一起，同出操，同训练，使左子元亲眼看到了抗联将士良好的精神风貌，更加坚定了他加入东北抗联的决心。根据左子元的要求，杨靖宇召开了抗联第一军党部会议。经研究决定，接纳左子元领导的"抗日联合救国军"，将其改编为东北抗日联军第一军直属第十一独立师，下辖2个团，左子元任师长。

同年9月，一个叫于万利的义勇军首领只身一人来见杨靖宇，他说："我叫于万利，有200多人。我是一个中国人，死也不想当亡国奴，不愿给日本当汉奸走狗，更不愿替日本人杀中国同胞。"他恳求杨靖宇收编他的部队。杨靖宇对他坚决要求加入东北抗日联军的态度表示欢迎，亲切地对他说："你有中国人的骨气，你是一个很有民族气节的人。你对抗日救国的一片热情，我很受感动。你的这些想法完全对，我们抗日救国不分民族、党派，不分宗教信仰，只要是抗日打鬼子，我们就要联合起来，协同作战，共同抗日。"于万利见杨靖宇欢迎他们加入抗联，心里非常高兴，他激动地说："可惜，我找到你们太晚了。"

几天后，杨靖宇正式宣布，于万利部改编为东北抗日联军第一军直属独立旅，于万利任旅长。应于万利的请求，杨靖宇专门到独立旅讲了话。会后，杨靖宇又部署了独立旅的活动区域和军事计划。

杨靖宇蜡像

不久，抗日义勇军高维国部也为杨靖宇团结抗日的博大胸怀所感动，要求加入抗日联军，杨靖宇将其改编为东北抗日联军第一军直属第十三独立师。

在杨靖宇的教育和感召下，左子元、于万利、高维国等率部矢志抗日，英勇杀敌，为抗日救国战斗到最后一息。1936年冬，左子元在与日伪军的战斗中壮烈牺牲。也在这年冬天，于万利率领部队在宽甸县牛毛坞至错草沟公路一带开展游击活动。在一次突围战斗中，于万利率部奋力冲杀，由于敌众我寡，独立旅伤亡惨重。

面对群敌，于万利毫无惧色，他抱着机枪向敌人扫射。子弹打光后，他便把机枪拆开，将机枪零件扔进雪里，宁死也不让敌人得到完整的机枪，最后壮烈牺牲。

在杨靖宇的统一领导下，东北抗日联军第一路军以"不分见解、信仰，枪口一致对外，坚决抗日"的口号，号召和团结各种抗日武装联合抗日。至1936年秋，抗联第一军收编各种抗日武装5000余人。与此同时，在安图、抚松、临江等地活动的抗联第二军也与抗日救国军吴义成余部、李洪斌部以及抗日山林队"万顺""压五营"等15支队伍达成共同作战协定，有的编入抗联第二军。

由于不断扩大抗日统一战线，东北抗联第一路军迅速壮大，至1936年底，全军发展到6000余人，还团结了众多抗日义勇军，各部联合作战，共同打击日本侵略者。

1936年10月，伪满军政部最高顾问佐佐木到一中将

在通化设立"讨伐指导部",共纠集2.7万人的兵力,对杨靖宇领导的抗联第一路军和其他抗日武装发起疯狂进攻。在军事"讨伐"的同时,敌人还强制推行"集团部落"政策,逼迫群众归大屯,以断绝抗联第一路军与人民群众的血肉联系。

在归屯并户之前,抗联部队宿营时,可以得到群众的帮助,住在老百姓家里。归屯之后,就只能在野外宿营了。夏季酷暑难熬,蚊子、瞎蠓、小咬、草爬子等一齐向战士们进攻,把他们咬得满身大包。遇着雨天,浑身上下都被淋透。这种情况长期得不到改善,势必影响部队的战斗力,动摇战士们的抗战意志。

解决部队的宿营问题,成了杨靖宇的一桩心事,他决心要设计出一种适合部队宿营的帐篷来。

青山沟抗联遗址

多才多艺杨将军
针对叛变重部署

  1937年4月，杨靖宇开始亲自设计帐篷。杨靖宇经常和几个领导一起琢磨，一边讨论，一边画草图。杨靖宇和几位领导为这件事吃不好，睡不好。有一天，教导一团团长许国有带领部队去外地背粮回来，到军部向杨靖宇汇报时，因为那天雨雪交加，他戴了一顶尖草帽，一进门就将头上的破草帽摘下来扣在地上。杨靖宇突然说了一句："问题解决了。"其他几位领导愣住了："什么解决了？""破草帽！""什么破草帽？""就是这顶草帽。"杨靖宇指着地上的草帽说："你们看，咱们做一个草帽式的帐篷怎么样？"这时，几位领导才明白过来，一齐说："很好，一定能成。"

  杨靖宇带领大家经过紧张的工作，终于设计出第一顶帐篷。这是一顶圆形、用白花旗布做成的帐篷，中间用一根柱子支起来，周围用绳子穿起来，用木头往地上一钉，留一个门就成了，里面能睡十五六个人。指战员们对新帐篷非常感兴趣，围着帐篷转来转去，一边看一边说好，能防风、防雨、防晒、防雪。

过一段时间，大伙又觉得这种帐篷不太实用。冬天地一冻，木桩子钉不下去，铁钎子又背不动，如果遭到敌人突然袭击，帐篷既推不倒，又拿不走，怎么办？只有一个门，一旦敌人用机关枪将门封锁，人跑不出来怎么办？大家纷纷献计献策，最后一致认为：能不能改成长方形的，像房子那样，有了紧急情况，帐篷一推就倒，卸下来就走。杨靖宇采纳了大家的意见，在大家的共同努力下，几天后，又造出一个长方形的大帐篷。这种帐篷也是用白花旗布做的，像房子那样大小；用4根带丫的木杆架起一根梁，把帐篷布往下一放，把两边的布抻开，不用绳子穿，也不用木桩钉，在两边用石块、泥块、雪块或一根木杆压住就行了；中间开门，顶部中间留一个四方口，冬天里面可以生火，烟从上边方口出去，夏天可以通风。新帐篷支起来后，发现两边塌腰。大家又动脑筋想办法，一边用两根带杈的小棍支起一根长横杆，问题就解决了。

就这样，在杨靖宇的带领下，说不清失败了多少次，修改了多少次，最后，终于试制成功了简便实用的帐篷。部队使用时，又进行了改进。夏天太热时，

杨靖宇将军铜像

把帐篷两头打开通风，形成两头开门，原来在中间开的门就不月了，遇到紧急情况，从两头都能跑出去。这种帐篷非常实用、轻便、灵活，一个人就可以背起来，行军打仗都不碍事。

杨靖宇十分重视部队的思想文化建设，将其放在部队建设的重要位置上。

杨靖宇经常对部队的干部、战士，特别是对党员干部进行共产主义理想信念教育，向他们讲述人类社会的发展规律，现在的艰苦奋斗、流血牺牲是为了将来实现人类最美好的社会制度——共产主义。他经常教育大家："革命总会胜利的，就是我们这些人都牺牲了，还会有人继承我们的民族革命事业。民族一定会得到解放，革命总是会要成功的，共产主义终究要实现的！"

1938年10月，日伪秋冬季"大讨伐"开始后，伪满治安部派日本政治浪人樱井到辑安（今集安）、临江一带诱降杨靖宇，四处扬言：如果杨靖宇肯投降，可以割让东边道归抗联管辖，由杨靖宇担任都督。杨靖宇率部向桦漤山区转移途中，日本飞机撒下传单，写的也是同样的内容。杨靖宇看了传单，哈哈大笑，讽刺道："东边道都督，好大的官！"然后，他结合这件事对战士们进行了严肃的政治教育。他说："一个忠贞的共产党员，民族革命战士，为了伟大的共产主义理想，为了中华民族的解放事业，头颅不怕抛掉，鲜血可以喷洒，而忠贞不二的意志是不会动摇的，最后胜利的信心是坚定的。日寇威胁利诱的卑劣手段，只可以玩弄那些民族败类。"

1939年3月，在桦甸木箕河战斗中，有2名抗联战士牺牲，3人负伤。负伤的战士被送到附近的密营养伤。杨靖宇亲自到密营去看望他们，鼓励他们说："抗日是要花代价的，他们牺牲了，我们继续做他们未完成的事。"有的伤员担心自己会残废。杨靖宇安慰他们说："身残，只要志不残，都有机会为革命做贡献。"

报刊、杂志是部队思想文化建设的重要载体。在物资极端匮乏的条件下，杨靖宇领导东北人民革命军第一军以及后来的东北抗日联军第一路军出版了一批报刊。在南满定期出版三种报纸，两种画报。这些报纸和画报发行得非常普遍，影响很大，尤其是画报。1936年至1937年间，抗联第一军政治部宣传科在桓仁的深山密林里，编

印了多种汉、朝、日文版的文告、刊物和画报。

1938年12月，中共南满省委决定，把东满党和抗联第二军的宣传刊物《战旗》与南满党和抗联第一军的宣传刊物《列宁旗》合并，统一编为《列宁旗》，作为南满省委的机关刊物，并且出版《中国报》。《列宁旗》由杨靖宇、魏拯民、全光等人撰稿、编辑，发行工作由全光负责，读者主要是党和军队的领导干部；《中国报》主要面向游击区的广大民众。魏拯民还为抗联的干部、党员和战士编写了《政治读本》和《抗日救国千字文》。这些报纸和刊物在抗日军民中广泛传播，对动员和团结一切爱国力量共同抗日，发挥了重要作用。

杨靖宇非常注重通过歌曲、话剧等文艺形式鼓舞干部战士的抗日斗志，真正做到了寓教于乐，生动活泼。杨靖宇天生一副好嗓子，经常教战士们唱歌。除教唱外，杨靖宇还先后创作了一些歌曲。如东北抗日联军第一路军成立之时，创作了《东北抗日联军第一路军军歌》；第一次西征结束后，创作了《西征胜利歌》；第一次老岭会议期间，创作了《中韩民族联合抗日歌》。这些歌曲都在关键时刻，起到了坚定必胜信念、鼓舞士气的作用，这是空洞的说教所无法代替的。因此，杨靖宇认为："一首歌能唱起来，比一挺机关枪作用大，一样地能打击敌人，一样地能推动民族革命和抗日民族的联合。"在杨靖宇的启发鼓励下，抗联战士们创作了大量歌曲和诗歌，一直保留到现在的就有150多首。

更令人钦佩的是，杨靖宇还利用战斗间隙，创作了话剧。1939年冬，杨靖宇率总司令部直属部队转战桦甸山区，在孟家屯处决了欲强暴少女的伪警察署日本指导官。杨靖宇根据这个真实故事，编写了四幕话剧——《王二小放牛》。剧情是这样的：孟家屯有一户王姓人家，爸爸被抓去当劳工，儿子王二小上山放牛去了，只有妈妈和女儿在家，女儿才17岁。那个日本指

导官窜到王家，踢倒妈妈，要糟蹋女儿。恰在这时，抗联的短枪队赶到，把日本指导官枪毙。杨靖宇让警卫员黄生发扮王二小的姐姐，王传圣扮演王二小，由一个外号叫"王老太太"的机枪射手扮演王大娘，机枪连的王指导员扮演日本指导官，短枪队的战士就由原班人马担任。经排练后，连续演出两场，非常成功，场场都有战士被感动得流下眼泪。以后，又演出了多场。一次，演到日本指导官要糟蹋姑娘时，有一个战士忘记了这是在演戏，举枪就打，将帐篷绳子打断，幸好没有伤着演员。这部话剧极大地激发了广大抗联战士的抗日救国热情，这一方面说明了杨靖宇是一位出色的政治工作者，同时也从另一个侧面反映了杨靖宇具有较高的艺术才能。

平时，杨靖宇在部队中积极倡导学习文化，这也是青年工作的一项重要内容。当时，大多数战士是文盲，学习文化就从识字开始。战士们利用战斗空暇时间识字。条件好些时，战士们用笔在纸上写；没有纸和笔时，他们就用木棒在地上画。夏天用沙子、冬天用雪地当纸，木棍作笔。

日本侵略者为了消灭东北的抗日武装，采取了一系列阴险毒辣的措施。一是增加兵力，确定重点"讨伐"目标。于1937年冬把抗联第一路军确定为重点"讨伐"

目标以后，不断派出大批日伪军进行"围剿"。二是推行"匪民分离"政策，大肆建立"集团部落"。仅1938年日伪当局就在抗联第一路军活动的吉林通化地区建立了2500个"集团部落"，以切断抗联与人民群众的血肉联系、断绝抗联生活必需品的来源。三是收买利用叛徒，实行政治瓦解。日本侵略者一改对抗联投降人员一律屠杀的政策，而是采取威胁、收买、引诱、欺骗等卑鄙手段，对抗联进行策反、诱降、瓦解。特别是专门成立了以日本宪兵军曹长岛玉次郎为首的，主要由日本宪兵、伪警察及中共叛徒组成的"长岛工作班"，对南满地区中共党组织及抗联部队进行诱降破坏活动。

　　由于敌强我弱，斗争残酷，敌人的阴谋手段总会在一些不坚定分子身上得逞。这些人有的脱离抗联部队，有的投敌叛变，有的被敌人逮捕后动摇变节，甚至成

为敌人的鹰犬，帮助敌人"讨伐"抗联，追捕屠杀抗联将士。由于这些叛徒十分了解抗联情况，对抗联乃至整个抗日游击战争危害极大。

在日本侵略者的威逼利诱下，胡国臣、安光勋、程斌等三人自1937年冬至1938年夏先后叛变投敌，甘为日伪走狗，给抗联第一军造成了严重的损失。

胡国臣、安光勋、程斌叛变投敌后，按照日本侵略者的需要，详细供述了中共南满党组织和东北抗日联军第一路军的内部机密。如部队行军宿营的部署，部队武器、子弹、衣服、粮食的补充办法，布兵要点及所采取的战术，通信联络方法，搜集情报的方法，抗联第一路军编制、装备、干部成员等机密，这些都是南满党组织和抗联第一路军的核心机密，是敌人极想得到而又难以得到的情报。

由于程斌、胡国臣、安光勋等三人都曾是抗联第一军的高级干部，他们的叛变投敌，一方面造成极坏的政治影响，另一方面由他们做帮凶来破坏党的组织和抗联第一路军，其危害之大是可以想象的。这给杨靖宇领导抗联第一路军开展抗日游击战争造成了极大的困难。

针对叛徒叛变后的严峻局势，杨靖宇决定采取应急措施，调整各个工作环节，重新部署军事力量。1938

年7月中旬，杨靖宇、魏拯民等中共南满省委和抗联第一路军主要领导人，在辑安（今集安）老岭大阳沟附近召开紧急会议，即第二次老岭会议，杨靖宇主持了这次会议。会议根据新的斗争形势，决定改组南满省委，实行党军一体化，抗联第一路军总司令部内设置省委代行机构。

第二次老岭会议对党领导的东南满地区的抗日工作进行了全局性调整，尤其是对抗联第一路军的改编和重新部署，使日伪当局以为有了从叛徒那里得到的情报就可以迅速消灭中共南满省委和抗联第一路军的美梦破灭。

集安地处吉林省东南部

少年铁血多关怀
身陷重围险中斗

在抗联第一军，有一些十几岁的小战士，他们有的是被解放劳工中的童工，有的是无家可归的流浪儿，有的是跟随父母一起参加抗联的孩子，有的是父母被日伪军杀害后只身投奔抗联的孤儿。杨靖宇十分关心这些小战士的成长，决定把他们集中起来，在总司令部的直接领导下，使他们更好地成长和学习。

1938年8月中旬的一天，杨靖宇的警卫员王传圣执行完任务，回到总司令部驻地，向杨靖宇汇报。杨靖宇听完汇报后，拿出2支钢笔，问他要哪一支。王传圣愣了，这是杨司令最心爱的东西，今天怎么送给我。杨靖宇看着王传圣不解的神情，便说："组织上决定，成立少年铁血队，任命你当指导员。这支笔你留着学习，跟我一回，是我的心意。"王传圣望着杨靖宇，眼睛湿润了，激动得说不出话来。

　　杨靖宇充分肯定了王传圣近期带领小部队执行任务所取得的成绩，希望他到少年铁血队后，认真贯彻总司令部的决定，既要抓好思想教育，又要抓好军事训练，使小战士们尽快成长为坚强的革命战士。在杨靖宇的鼓励下，王传圣恋恋不舍地离开杨靖宇，前往少年铁血队担任指导员，队长是高玉信，全队50余人，杨靖宇经常到队里看望小战士，关心他们的生活，组织他们学习文化，鼓励他们健康成长。

　　1939年4月，一场战斗刚刚结束，总司令部的传令兵就来到少年铁血队，通知队长高玉信和指导员王传圣到杨靖宇那里去。他们一到，杨靖宇就对他们说："这次战斗缴获不少军衣，你们铁血队的都换换吧。"王传圣问："怎么换？"杨靖宇说："每人发2套衣服，一套单的，一套呢子军衣。你们队长、指导员每人多发一件呢子大衣，怎么样？"王传圣说："呢子大衣我可不要。"杨

靖宇问："为什么?"王传圣说:"穿上大衣,就走不动道了。"杨靖宇说:"不要可以,但你们每个班要领一件大衣,站岗好用。"军衣领到后,小战士们都换上了崭新的衣服,乐得又蹦又跳。

1938年以后,由于口伪军的大规模进攻,致使抗日游击区急剧缩小,生存环境越来越险恶。然而在以杨靖宇为代表的东北抗日联军将领的领导下,东北抗日联军继续同日伪军进行着顽强的斗争。

6月初的一天,侦察员从敌人的电话中获悉,6月4日有30余个伪军将去会全栈接运军用物资。于是,杨靖宇率警卫旅一团和少年铁血队于4日拂晓前,在老营沟门附近的南山、西山设下埋伏,准备截击敌人运输队。

为了锻炼少年铁血队,杨靖宇决定把敌人放到铁血队跟前来打。同时也考虑到少年铁血队没有打过伏击战,又做了另一手准备,一旦出现不利情况,再由警卫旅一团出击。因敌人是从东边过来的,故将铁血队部署在东面,而把警卫旅一团部署在西面。

部队进入伏击阵地后,少年铁血队根据杨靖宇的部署,埋伏在警卫旅一团东面公路边的沙金坑内。但是由于数日劳累,一夜急行,小战士们已十分疲惫。大家伏地而卧,静静等候,不料竟在暖烘烘的阳光下不知不觉地睡着了。上午10时左右,30多个伪军押运着军用物资向老营沟门走来，已经走到少年铁血队的伏击阵地前，却一点动静都没有。杨靖宇估计一定是少年铁血队的小战士们都睡着了，于是决定把敌人放到警卫旅一团的阵地前解决。于是，敌人一到一团阵地前，杨靖宇便抽出手枪，连放3枪。警卫旅一团战士见指挥枪响，便以迅雷不及掩耳之势将敌人全部俘获。

在战斗中，敌人见老营沟对面的南山头上人声嘈杂，便朝山上胡乱开枪。不幸，一颗子弹打穿杨靖宇的小腿肚子。铁血队的小战士们看见总司令受伤了都难过得掉下了眼泪，他们后悔不该睡觉。杨靖宇安慰铁血队的战士说："你们睡觉当然是不应该的，但我也疏忽了，你们这些天太疲劳，没有照顾到你们。另外，指挥部人员也

太轻敌了，指挥部枪响后，这里聚一大堆人，大喊大叫，引得敌人朝这里开枪，这不能全怨你们。"听了杨靖宇的话，小战士们深受感动。

杨靖宇由警卫旅机关枪连一排、少年铁血队、特卫排护送到松花江上游西岸桦、濛交界的大楞场密营养伤。抗联后方医疗条件很差，药品奇缺，只能用盐水消毒，把自制的"狗皮膏药"敷在伤口上，几天后再换一次。

养伤期间，杨靖宇也总是手不离卷，利用这段时间钻研问题，充实自己。当时，毛泽东的《论持久战》已辗转传入东北。杨靖宇得到这个本子后如获至宝，利用疗伤的机会，认真研读，深刻领会。

经过20多天的治疗，杨靖宇的腿伤基本痊愈，重返战场，率领警卫旅、少年铁血队，转战桦甸南部山区，在甲硇子与伪军300余人交战，毙伤敌人70多名，缴获轻机枪1挺、步枪20多支。此后，又袭击了关门硇子的伪警察分驻所，俘敌40多人。不久，在桦甸南部的错草顶子袭击了伪森林警察"讨伐队"，缴获80多支枪，歼敌百余人。

对这一时期杨靖宇指挥的抗联第一路军的活动，日伪当局曾这样评价："东北抗联第一路军系'匪帮'，以杨靖宇为最高领导者。杨自率司令部进行游击。同时将其属下分为3个方面军。据有山岳密林之地面为所欲为。不仅对部落、矿山、警备机关进行袭击，掠夺，且胆敢迎击移动中之日本军部队等活动。"他们不得不承认："杨靖宇头脑极清晰，富于组织之天才，统御能力极强。"

日伪当局不断增加兵力，对杨靖宇穷追不放，并利用程斌等叛徒，紧紧盯住杨靖宇及抗联第一路军总司令部。进入1940年1月以后，身陷重围的杨靖宇继续以顽强的毅力和惊人的智慧，与群敌周旋。

1940年1月1日和6日，杨靖宇率部在临江、濛江（今靖宇）境内，与日伪军警"讨伐队"两次交战。1月6日至8日，伪通化市警务厅长岸谷隆一郎在濛江召开讨论会，专门研究部署"讨伐"杨靖宇的问题。伪吉林省"讨伐队"本部的野田茂作也前来参加会议，共同策划

"讨伐"杨靖宇的行动。此后，日伪当局不仅在濛江增加军警力量，而且加强对居民的控制，豢养特务，收买汉奸，以"剿杀"杨靖宇及其领导的抗联第一路军。

1月9日，杨靖宇率部在濛江错草顶子与日军小滨、渡边部队遭遇，打退敌人后，迅速撤走。为了使部队免遭敌人围歼，杨靖宇决定进一步分兵活动。

1月11日，杨靖宇命令警卫旅政委韩仁和、警卫旅一团政委黄海峰率领警卫旅60人北上，而他自己则率第一路军总司令部机枪一排、特卫排、警卫旅一团四连和

少年铁血队共200人继续留在西岗一带活动。

　　杨靖宇留在西岗一带的目的是与第一路军军需处长全光会面，以便研究解决部队的棉衣和粮食供给问题。在这狭小的地域，杨靖宇一连等待了20来天，也未见全光前来会面，结果使部队陷于频频遭受敌人围攻的被动局面，并且再也未能摆脱日益艰难的困境。在部队已无给养的情况下，杨靖宇派60人到那尔轰马架子筹集粮食，不慎暴露足迹，伪申麟书森林警察大队和伪军骑兵第八团寻迹而来，包围了杨靖宇所率部队。

1月18日至21日，杨靖宇率部在濛江西岗西方、马架子东方与前来围攻的敌人连日展开激战，终于在1月21日与派出筹集粮食的60人在马架子会合。这时，伪申麟书森林警察大队又包围上来。警卫旅一团参谋丁守龙在马架子战斗中负伤被俘后叛变，向日伪供述了杨靖宇"最近行动"等诸多军事秘密。丁守龙无耻叛变的危害是极其严重的。由于当时敌我力量更加悬殊，杨靖宇及抗联第一路军总司令部很难实施有力的应变措施，而日伪当局却利用丁守龙出卖的情报，不遗余力地"追剿"杨靖宇所率部队。

在获得了杨靖宇及抗联第一路军总司令部活动的准确位置后，日伪当局立即调集日军等数支"挺进队"，在伪通化市警务厅长岸谷隆一郎统一指挥下，共同组成"讨伐"部队，对杨靖宇及抗联第一路军总司令部进行疯狂的围追堵截。

地冻天寒，群敌如狼，杨靖宇率领的抗联战士在常人难以想象的险恶条件下，与顽敌作决死斗争。由于大批日伪军的围追堵截，杨靖宇及所率部队的处境更加险恶。据少年铁血队指导员王传圣回忆："当时真是又冷又饿又困又乏。谁都没有手套，打几枪就马上暖和一下手，否则手就要被冻伤。战士们饿得没有办法，就吃柞树上结的橡子，甚至吃堵枪口的黄蜡。结果浑身肿起来，喝盐水也不起作用。队伍行军休息，只能依在树上。如果坐在地上，就再也起不来了。部队出发，你拉我，我拉你，互相拉起来才能走。有的人倒下去再没有起来，长眠在长白山里。"

1940年1月31日，是中华民族的传统节日——小年。这天，杨靖宇率部驻扎在濛江（今靖宇）东双丫沟。清晨5时左右，又有一大股敌人寻踪而至。少年铁血队长高玉信和指导员王传圣立即组织全队投入战斗，掩护杨靖宇及总司令部人员上山。经过半小时的激烈战斗，暂时压住敌人，少年铁血队开始撤退。就在这时，一排子弹射来，打伤了王传圣的小腿。正在山顶上指挥战斗的杨靖宇，见王传圣被战士背上来，急忙赶过来看他，问伤得重不重，并亲自与军医处长徐哲商量，把王传圣送到安全的地方养伤。在杨靖宇的指挥下，部队再次突出重围，杨靖宇命令副连长马青山把20多名伤员送到小石仓沟后方医院。这时，杨

靖宇身边只有60余人了。

2月1日，在距那尔轰小南岔2公里的沈家烧锅，杨靖宇所率部队遭到日军大原、小滨部队和桑文海伪警察大队袭击，总司令部特卫排排长张秀峰携带4支手枪、9960元巨款以及部分机密文件，跑到五斤顶子申麟书伪森林警察大队投降。张秀峰投降后，进一步暴露了杨靖宇及所率部队的行踪。日伪当局为了尽快捕捉到杨靖宇，又从桦甸、安图调来大批日伪军。2月2日清晨，包括叛徒程斌"讨伐队"在内的大批日伪军，在飞机配合下向那尔轰古石山进攻，杨靖宇率队继续苦战，部队再次遭到严重损失，突围后杨靖宇身边仅有30名战士了。2月4日，为了解决部队给养，杨靖宇率队攻打新开河木场，在运粮途中与日伪军遭遇，15名背粮战士被敌人冲散，杨靖宇身边仅余15人。

2月7日，杨靖宇率部进入濛江泊子。这时，杨靖宇身边还有14人。敌人从叛徒嘴里了解到杨靖宇的行踪，集中兵力，在岸谷隆一郎的指挥下，对杨靖宇及所率部队穷追不舍。飞机在空中盘旋，发现了杨靖宇所率部队后，就用小旗一指，时间不长，敌人就接踵而来。

在这期间，抗联第二路军总指挥周保中派出的交通员，携带着周保中的信来到南满，历尽艰险，终于找到杨靖宇。1937年以前，杨靖宇率领的抗联第一路军和周保中部一直保持着交通联系，此后，联系一度被隔断。1938年7月，杨靖宇曾派南满省委的代表，同吉东派来的联络员李老头一起，赴依兰吉林省委所在地联络周保中。但因吉东联络员李老头被日伪捕去，南满省委代表只好返回。为了恢复第一、二路军的交通联络，第二路军交通员再次怀揣周保中给杨靖宇的信，翻越重重山岭，穿过道道封锁线，终于找到了第一路军总司令部。由于战斗频繁，第二路军交通员始终没有来得及向杨靖宇详细汇报，一直跟随部队活动。

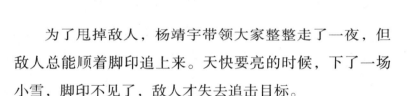

天地英雄死无惧
白山黑水埋忠骨

　　为了甩掉敌人，杨靖宇带领大家整整走了一夜，但敌人总能顺着脚印追上来。天快要亮的时候，下了一场小雪，脚印不见了，敌人才失去追击目标。

　　杨靖宇带领大家在这里住了两天，没有一点吃的，行动十分困难。白天，战士们去砍柴，杨靖宇用铅笔在小本子上一个劲地写。晚上，大家围着篝火，听杨靖宇讲革命故事。到了第三天，大家饿得连路都走不动了。有的战士说，再到伐木场向工人要点干粮吧。杨靖宇背着双手在雪地上来回走着，慢慢地摇摇头说："不能再那么做了，工人的生活也很苦。"就在这时，敌人又围上来了，大家马上转移。敌人一面开枪，一面叫喊："投降吧，投降了有粳米洋面吃……"

　　杨靖宇指挥大家一边抵抗一边退入密林。夜幕降临，敌人停止追击，杨靖宇带领大家在隐蔽的地方停下来。

敌人很近，不能生火，只好在雪地上休息。只剩7个人的队伍，又有4人受伤。月光下，杨靖宇背着手在雪地上走来走去，他仿佛毫不疲倦，每一步都迈得那样沉稳、坚毅，给战士带来了信心和力量。忽然，杨靖宇转过身来对大家说："看来情况更严重了，我们最好分开走。"没等杨靖宇说完，大家就抢着说："我们跟你在一起。""不能离开司令。""活，活在一起。死，也死在一块。"杨靖宇耐心地说："多活一个人，就多一份革命力量，死在一块有什么好处？"

敌人又追上来了，大家迅速躲进公路旁的木堆里。敌人搜了一阵，什么也没发现，吵吵嚷嚷地走了。大家集合到一起，杨靖宇说："同志们，根据情况，还是分开走好，能出去一个也好。"大家见杨靖宇决心已定，便不再说什么了。杨靖宇的决心是对的，可谁又能在这危险关头离开杨司令呢？"黄生发！"杨靖宇

声音很低，但很有力。"有！"黄生发向前挪动两步。"你带着伤员赶紧走。"

送走了黄生发等4名伤员，杨靖宇带领朱文范、聂东华继续在密林中前进，希望尽快与第一方面军伊俊山部会合，粉碎敌人的"讨伐"。由于情况紧急，人员太少，已无法埋掉留下的脚印，杨靖宇只好让后边的人踩着前面人的脚印走。他们踏着没膝深的积雪，冲出黄花松甸子，来到针阔叶树混生的密林高地，摆脱了包围的敌人。但寒冷和饥饿依然威胁着他们的生命。实在饿急了，杨靖宇就撕下棉衣里的棉絮，蘸着雪吞下去。

15日，杨靖宇派朱文范、聂东华到附近村子找些吃的，自己拣些干柴，打算点火取暖。这时，只听一声枪响，打破了森林的寂静。杨靖宇抬头看去，敌人又上来了。从那熟悉的动作，杨靖宇一眼就认出，前面的就是那个当了伪警察大队长的叛徒崔胄峰。原来，叛徒程斌、崔胄峰带着日伪军"讨伐队"和伪警察大队在搜索杨靖宇行踪时，在五斤顶子北方的一个山坳里发现了一行足迹，熟知抗联情况的叛徒从脚印的深浅和坚实程度，判断出杨靖宇身边人数不多，因此加快了追击速度。

杨靖宇见大批敌人蜂拥而至，便迅速转移。这时的杨靖宇已多日未吃上一顿饭，体力消耗已经到了极限。下午3点钟左右，600多敌人突然从一座山顶追下来。杨靖宇见敌人已经逼近，便在距敌人上百米的一处有利地势停下，以一棵大树作掩护，双手交替射击，把敌人压在山坡上。伪警察大队副队长伊藤警尉补用生硬的中国话对杨靖宇喊道："你跑的不行，投降吧，大官的给。"杨靖宇高声说："你一个人上来吧。"伊藤不知是计，便说："好吧，我就上去。"当伊藤从雪窝里爬起的一瞬间，杨靖宇向这个侵略者射出愤怒的子弹，只听一声惨叫，伊藤应声倒地。叛徒崔胄峰见其主子被撂倒，呼地跳起，叫骂着带领四五个伪军就要冲过去。杨靖宇又扣动扳机，这个无耻叛徒顿时倒地，其余几个伪军也被杨靖宇撂倒。杨靖宇用手中的毛瑟手枪毙敌1人，伤敌6人。敌人有的忙着救护受伤的伊藤及崔胄峰，有的虚张声势地往前涌。伪通化警务厅警尉补益子理雄称杨靖宇是"能在200米

以内开枪打掉树上苹果那样的名手"。所以，敌人表面上张牙舞爪，但谁都生怕躲闪不及，被杨靖宇的手枪"点名"。杨靖宇乘机钻入密林，"完全像巨人那样跑着"，再次甩掉敌人。战斗中，杨靖宇左臂受伤。

天渐渐黑了，雪地上模糊不清的脚印更加难以辨认了。岸谷隆一郎下令把火柴集中起来，一根接一根地划着，借着微弱的光亮，辨认着雪地上的血迹和脚印，缓慢地向前追踪。杨靖宇穿过板石河口十几里的密林，然后转过头来，从密林的另一侧绕行，回到太阳落山时走过的那条路。

天黑如墨，寒气袭人。日伪军"讨伐队"被杨靖宇拖得疲惫不堪，"一个人啪嗒倒下去之后，就像流行传染病那样猛烈，接着那里、这里，都啪嗒啪嗒倒开了。"600人的"讨伐队"，逐渐减少到300人、200人、100人，到2月16日凌晨2时，只剩下50人了。走着走着，敌人忽然在雪地里发现了一具冻僵的尸体。经过辨认，原来是昨天被杨靖宇击毙的那个日本兵。他们这才明白，追了大半夜，又回到了原处。他们哪里知道，杨靖宇在密林中绕了个大圈子，回到昨天与敌人交战的地方，踏着敌人在雪地上踩出的又宽又平的路，到预定地点与警卫员朱文范、聂东华会合了。杨靖宇只身一人拖垮了数百名日伪军的追击，又一次冲出了敌围。

2月18日，杨靖宇派警卫员朱文范、聂东华去购买食品。由于日伪实行"集团部落"政策，村庄周围戒备森严，难以进入，二人便到濛江县城动员炭窑的老赵头帮助买些食品。没想到这个老赵头竟是日伪特搜班密探，他拿着2位警卫员给他的钱，跑到大东沟伪警察分驻所密报。大东沟警防队和特搜班立即分两路向在炭窑里等待的朱文范、聂东华发起攻击。在激战中，朱文范、聂东华中弹牺牲。

朱文范、聂东华出发不久，忽然从大东沟方向传来激烈的枪声，杨靖宇判断可能是2名警卫员与敌人遭遇了，立即按照事先约定，在树上刻下暗号，迅速撤离。杨靖宇用了3天时间，翻过赤柏松岗，向濛江县城方向移动。杨靖宇的这一行动，一方面可能是为了出其不意，因为敌人认为杨靖宇肯定向深山密林转移；另一方面可能是因为实在太饿太

坐落在吉林通化青松翠柏之中的杨靖宇烈士陵园，如今成为民众祭拜英雄的地方。

冷了，如果这样继续下去，很快就会冻死饿死。为了找到部队，把东南满的抗日斗争坚持下去，要尽快摆脱饥饿和严寒的威胁。事实证明，杨靖宇的判断是正确的，他只身活动的濛江县城周边，确实是日伪"讨伐"部队忽视的区域。

2月23日午后3时，杨靖宇在吉林省靖宇县城西边的三道崴子遇到4个打柴人。杨靖宇见他们都是农民，便微笑着把他们邀进自己暂住的地窝棚，向他们了解敌情，宣传抗日救国的道理。最后，杨靖宇拿出伪币，请他们协助买些粮食和一双棉鞋。他们对杨靖宇说："你还是投降吧，如今满洲国不会对投降者杀头的。"杨靖宇坚定地说："我是中国人，良心不允许我这样做，这样做也对不起广大人民。一句话，我是中国人，是不能向日本侵略者投降的！"

在这4个人中，年纪较大的叫赵廷喜，是保安屯的伪牌长。赵廷喜在回去的路上，碰上特务李正新。李正新见赵廷喜神色慌张，便拦住他进行盘问，赵廷喜说出了事情的经过。于是，他们两人一起到保安村伪警察分驻所报告，伪警察分驻所立即向伪濛江县公署警务科和伪警察队本部报告。坐镇濛江县城的伪通化市警务厅长岸谷隆一郎接到报告后，根据报告中所描述的男子的体态特征，判断这就是杨靖宇。

当时，伪警察"讨伐队"各队正在朝抚松公路以北搜寻杨靖宇。岸谷隆一郎立即派伪警察队本部警佐西谷喜代人、警佐补益子理雄带领21人，由赵廷喜领路，作为先遣队乘卡车驶向三道崴子。此后，伪警察队本部又陆续派出第二批（25人）、第三批（9人）、第四批（一个中队）、第五批（一个小队）日伪军"讨伐队"赶往三道崴子。下午4时许，日伪军警来到三道崴子沟口的窝棚，按赵廷喜指引的"约定地点"，又向东南行进100米，但连个人影也没有发现。原来，杨靖宇送走赵廷喜等4人后，为了防止意外，离开了约定地点。日伪军发现了杨靖宇留下的脚印，循踪追去。

由于饥饿和伤病的折磨，杨靖宇的行动十分艰难。敌人在703高地附近发现了杨靖宇，立即兵分两路追上

郭沫若

寒北烈士纪念馆

一九四九年五月书奉

右咏杨靖宇将军

满山河

古於今赤旆

血青蒿两千

消志不磨碧

可剖烈愤难

头颅可断腹

来。杨靖宇双手持枪，一打一转，沉着应战，且战且走。日伪军警步步紧逼，越聚越多，最后在490高地附近的三道漤江河边，将杨靖宇包围。在距离杨靖宇仅50米时，敌人忽然停止射击，高叫着："怎么抵抗也没有用了，归顺吧！"叛徒也在喊："放下武器，保留生命，还能富贵！"但杨靖宇大义凛然，视死如归，回答敌人的只有仇恨的子弹。他以河岸边的大树、石头为隐蔽物，向群敌射出一颗颗子弹。敌人见逼迫杨靖宇投降已不可能，便发出"打死他"的命令。敌人已逼近到20米了，日伪军警从两侧向依在大树上的杨靖宇射击。杨靖宇顽强地与敌交战约20分钟。午后4时30分，密集的子弹击中了杨靖宇，顷刻之间，空气仿佛凝固了，寒风似乎停止了，杨靖宇那高大的身躯轰然倒下，殷红的鲜血，染红了白雪。人们不会忘记这悲壮的时刻：公元1940年2月23日下午4时30分，东北抗日联军第一路军总司令兼政委杨靖宇，为中华民族的独立和解放，壮烈殉国。

杨靖宇牺牲后，敌人把他的遗体运下山，残忍地用铡刀铡下头颅，又令漤江县民众医院医生剖腹检查，发现杨靖宇的胃里一粒粮食也没有，只有未消化的草根、树皮和棉絮。在场的中国医生流下了眼泪，连日本人也惊叹：中国竟有如此威武不屈的人。日本侵略者不得不承认杨靖宇不愧"是个英雄"。

　　日本侵略者杀害了杨靖宇，却更怕杨靖宇了，怕杨靖宇的英风豪气和那无处不在的英雄之魂。杨靖宇的遗首被运往伪满首都新京（今长春）后，伪吉长地区"讨伐"司令野副昌德一到晚上就噩梦不断，总梦见杨靖宇伸出两只大手向他要人头。每次被吓醒之后，他都觉得头又沉又痛，难以忍受。于是，伪通化市警务厅长岸谷隆一郎通过电话向濛江县伪警务科长王士洪询问杨靖宇遗体安葬情况，命令他立即为杨靖宇刻制一个木质人头，为杨靖宇举行"慰灵祭"，以便使其上司摆脱恐惧。濛江县的伪官吏、伪警察赶快从积雪中挖出杨靖宇的遗体，安上木质人头，移入棺椁之中，岸谷隆一郎亲自在"慰灵祭"上为杨靖宇主祭。日本侵略者精心上演的这出戏，一方面是为了驱散他们的恐惧，另一方面也用以欺骗中国人民。然而，这不过是自欺欺人的一场梦，等到梦醒时，他们更陷于无法摆脱的恐惧之中。

　　历史一再证明：反侵略的正义战争一定胜利，侵略者逃不出覆灭

杨靖宇将军的孙子马继志

的下场。杨靖宇牺牲5年后，在中国共产党的领导和推动下，中国人民与国际反法西斯力量一道，终于打败了日本侵略者，实现了杨靖宇为之奋斗终身的夙愿。在祖国光复的喜庆时刻，人们更加怀念以杨靖宇为代表的先烈们，敬仰他们为祖国独立和民族解放英勇献身的崇高精神。为了永远纪念伟大的抗日民族英雄杨靖宇将军，1946年2月，濛江县人民提议，将杨靖宇英勇战斗并壮烈殉国的地方——濛江县，改名为靖宇县，并发表了《为濛江县易名告各地同胞书》。为了缅怀杨靖宇的光辉业绩，靖宇县人民政府的干部和农工商学各界群众重新修葺了杨靖宇陵墓。1946年2月23日，在杨靖宇殉国6周年纪念日，辽宁省政府暨靖宇县政府在保安村北岗隆重举行杨靖宇将军追悼大会，重新安葬了杨靖宇的遗体。

　　长春解放前夕，亚光医院院长刘亚光得知杨靖宇的遗首存放在长春医学院。于是，打入国民党骑兵第二旅卫生队，终于找到了杨靖宇将军的遗首。

　　为了缅怀抗联先烈，纪念杨靖宇的英雄业绩，1952年，经国家内务部批准，在通化市修建"杨靖宇烈士陵园"。1957年秋，庄严肃穆的陵园落成。7月15日，全国人大常委会委员长朱德为杨靖宇烈士陵园题词："人民英雄杨靖宇同志永垂不朽"。8月下旬，靖宇县党政机关和人民群众将杨靖宇的遗骨移至通化市。9月25日，在东北烈士纪念馆，黑龙江省暨哈尔滨市党政军民举行了隆重的杨靖宇将军遗首恭送仪式。灵车所经过的道路两旁，人们伫立默哀，为将军送行。在吉林省通化市，党政军民举行隆重仪式，恭迎将军遗首。